高校教育管理与人才培养研究

张媛媛　刘美辰　崔　蕊◎著

吉林人民出版社

图书在版编目（CIP）数据

高校教育管理与人才培养研究 / 张媛媛，刘美辰
崔蕊著 . — 长春：吉林人民出版社，2024.4.—ISBN
978-7-206-20947-5

Ⅰ . G640；G649.2

中国国家版本馆 CIP 数据核字第 20242MC840 号

责任编辑：王　斌
封面设计：王　洋

高校教育管理与人才培养研究
GAOXIAO JIAOYU GUANLI YU RENCAI PEIYANG YANJIU

著　　者：张媛媛　刘美辰　崔　蕊
出版发行：吉林人民出版社（长春市人民大街 7548 号　邮政编码：130022）
咨询电话：0431-82955711
印　　刷：三河市金泰源印务有限公司
开　　本：787mm×1092mm　　　1/16
印　　张：10　　　　　　　字　　数：150 千字
标准书号：ISBN 978-7-206-20947-5
版　　次：2024 年 4 月第 1 版　　印　　次：2024 年 4 月第 1 次印刷
定　　价：68.00 元

如发现印装质量问题，影响阅读，请与出版社联系调换。

前　言

　　高校教育管理与人才培养是高等教育教学中的核心内容，也是国家发展战略的一个重要环节。该领域的研究可以优化高校管理模式，提升教育质量，进而为国家经济社会发展培育更多的卓越人才。

　　目前，各大高校正面临多方面的挑战，这些挑战包括但不限于快速更新的知识体系、日益深入的学科融合、教育国际化的推进，以及科技发展对教学方式的影响。面对这种情况，高校教育管理的任务不仅是提供优质的教学资源，还应着重构建一个既灵活又高效的教育体系，以便更好地适应日新月异的外部环境和日益增长的内部需求。

　　高等教育机构承担着造就未来社会栋梁的重任，它们的教育方案与国家经济社会发展直接挂钩。在新时代背景下，高等教育的任务不再局限于知识传授，其教学宗旨在于全面提升学生的综合素质、实践技能及职业伦理。高校人才培养研究要着眼优化教育方案，以满足未来发展和社会的需求，通过提升学生的综合素养和对专业知识的实际应用能力，培育出更多的高品质人才。

　　本书的撰写目的是向高校提出策略性指导，并协助其在全球竞争激烈的环境中培养出优秀人才；同时，为教育领域的管理者提供决策依据，助力我国高等教育水平的全面提升与发展。

目　录

第一章　高校教育管理的概述

第一节　高校教育管理的基本解读

一、高校教育管理的含义

（一）教育管理

教育管理是校园治理不可或缺的一部分，属于高校运营中较繁杂的类别。教育管理任务不仅涉及对教育环境及设施的维护，还包括对所有教育行为和教学规划的操控。即管理者需在组织和拓展教师团队的同时，运用先进的策略和方法，策划和实施对教育机构的总体安排与监控，以便对教学资源实现有效利用，从而确保教学品质、效益得到提升，教学秩序维持稳固及学校条件不断改善，进而推动教育管理的整体进步。

（二）高校教育管理

高校管理实际上是对高等教育整体架构的一种全面治理，它不单指行政层面的管理，也不局限于一般高校的日常运作，而是一个囊括行政与日常运作的整体性管理过程。在对高校教育进行管理的过程中，既要着眼全局又要关注细节。放眼全局，在管理过程中需要根据国家发展的实际需要设立教育目标、规划未来路线图、营造适宜的教育环境，并拟定相应的教育法规和执行行政指示；具体操作，则是依据上级的战略方针精心组织和执行人才培养计划及科研项目。总的来说，高校教育管理涉及管理者对学术机构内部众多领域进行有效且合理的配置，保障管理者在管理过程中的条理性和效能，从而促进高等教育发展目标的实现。

二、高校教育管理的本质

高校教育的核心目标是促进学生的全面发展，通过综合性的教学方法和文化熏陶，增强学生探索、储备和运用知识的能力。这样，学生就能在多方面表现出色。教育管理的本质，归根结底，是为了学生个体能力的卓越发展和人生幸福。

（一）高校教育的本质

育人为本是教育的精神所在，个体是教育关注的焦点。教育使人全方位成长，并顺利融入群体，教育的展开依赖如社区一般的社会环境，依赖社会提供的硬件设施和精神文化背景。教育使人性与社会生活相互促进，由此反映出教育的目的在于促使人的自我完善与社会文明的发展，追本溯源追求的是同一价值。教育事业涉及道德修养、智力开发、身体强健、艺术鉴赏等维度，展示教育的内在关联，它还与社会经济、政策制度、文化传承等领域密切相关，显示出教育的广泛影响。但教育最基础的使命仍是协助受教者开拓自身潜力，塑造人格品质，亦即培养心灵、启迪思考的旅程。总而言之，教育的最终目标是维护学生的精神家园。

（二）管理的本质

管理是一种在社会中广泛存在的社会现象，它是组织存续和进步的必要条件。

（三）高校教育管理的本质

高校是培育德智体美劳全面发展的优质人才的独特教育机构，

其核心职能有教学、研究和管理工作。高效的教学与研究成果的取得，离不开科学的管理运作。高校教育管理追求的最高境界是优化所有教育资源及其组合的状况，以此全方位地促进精力充沛、德才兼备、独立思辨的综合型人才的培养。高校教育管理的任务在于平衡校内外各种资源和元素的关系，并对资源进行有效调配，使其更好地适应环境变化，以促进高校办学目标的顺利达成。高校教育管理的好坏在一定程度上反映了教育现代化的发展水平，并且直接关系到高校的教育质量和教学成果，进而影响整个高校的发展目标。高校教育管理包含教务管理、科研事务、学生事务、师资队伍管理、物资配置、财务运作及后勤服务等方面，其中，需要着重讨论的是教务管理、科研事务及学生事务三个重要领域。高校教育管理是一项特别的管理活动，它服务的对象是师生这些充满活力的个体。在高校中，除了对物质和资金进行管理外，更关键的是对人才——教师和学生进行精心的管理。管理如同一柄利剑，使用得当可以激发潜能；而使用不当则可能导致衰败，甚至毁灭。管理之道在于懂得借助外力，而外力的核心在于能量及其特定的表现形态。利用外界力量的精髓在于提升合作动能，通过加强目标联结等策略扩大动能来源，进而激进动力的发挥；同时，要通过规避碰撞障碍的手段减少遭遇的阻碍。在管理即生产力的时代背景下，高校应当确立"从管理中追求效益"的理念，深刻理解优化高校教育管理层次对于提升资源运用效能、提高学生学习热情的关键作用，持续推动高校管理素质与效率的提升。

三、我国高校教育管理的任务

高校教育管理的宗旨在于为达成高校教学目标提供支撑。教育管理如何发挥服务作用，会直接决定高校教学水平的高低。

（一）教育目标对教育管理的要求

自古以来，教育始终以造就人才为其基本宗旨。无论哪个国家、哪种社会结构，都要求教育在培育人才的同时，为该国的政治、经济与文化进步提供支持。在我国社会主义市场经济体系下，即通过高等教育培养出能推动社会主义市场经济向前发展的专业人才。这既是高等教育的核心使命，也是各高校的特色所在。在竞争激烈、变幻莫测的市场经济环境下，高校的教育目的需要紧跟市场节奏，满足其不断更迭的需求，同时，应具备明确的前瞻性，为市场经济发展趋势起到指引作用。因此，为顺应教育目标的超前性与变化性，高校的管理机制需展现应有的灵活性，形成或提供一种能适应市场需求多样化，为高等教育机构持续发展营造良好条件的机制。

（二）高校教育管理的任务

我国高校的教育管理工作必须更新观念，脚踏实地地为高等教育、授课及科学研究提供支持，并真正地改变自身角色，以服务于高校的根本办学宗旨。目前，这一管理职责涵盖以下几个关键领域。

1. 搜集、整理、处置以及发布与高校发展相关的资讯

现代经济的发展要求高校不仅仅具有育人的功能，更要做好经营商业运作。未来高校教育的宗旨在于服务、适应及主导市场经济的增长，充分彰显了教学、研究及对社会服务的三项基本职责。因而，高校教育领导者需密切关注国内外经济市场的动向，实时搜集与高校发展相关的市场经济资讯。这些资讯不只包含现阶段经济市场的需求，更关键的是，通过剖析市场经济的发展趋势，提前识别、评估及把握未来的需求，如此才能确保高等教育在引领市场经济发展中发挥作用。对于市场的需求变迁资讯，不应仅简单地采集，还需由管理教育的研究专家进行深度分析，并将研究成果及时反馈给学校决策层，以及教师、学生和职工群体。

2. 向高校高层管理人员出谋划策，给出具有科学依据且切实可行的意见

在深入搜集、整理、处置信息后，向高校领导层提出基于科研

的合情合理的意见，尤其在制定高校办学宗旨、调整专业结构与设置、推进教学革新、规划经济预算及校园发展规划等关键决策领域。因为这些意见是基于调研的成果，它们将在高校教育发展方向上扮演关键角色，并体现为实现高校教育愿景提供最佳支持的真谛。

3. 为高校师生的教学、科研工作提供优质服务

教师与学生构成了校园的核心，他们在教学与科学研究上的努力是达成高校教学宗旨最切实的举措。没有高校师生在这两个方面的辛勤付出，高校教育的宗旨将无法兑现。高校教育管理必须致力推动教学目标的实现，而这必然要求高校管理者提供支持教学和科研活动的服务。需要特别指出的是，高校教育管理者提供的服务应保证为高品质。这一点尤为重要，因为在许久以前高校管理部门的服务职责就已被提出，且在多数校方规章中均已明确标注"管理即服务"，但在实际执行时往往重管理轻服务，且服务品质不尽如人意。提倡高品质服务，核心要义在于教育管理部门应提供更高级别的支持，如及时通报国内外高等教育的最新发展动态、为教职员工在教与研上提供针对性建议，以及在学生选课及职业规划上给予恰当引导等，而非局限于提供一些仅停留在表面的基础级"福利"服务。这样的服务质量，不仅是衡量教育管理者本身专业能力的一种标尺，还是评估教育管理质量的一项重要指标。

4. 对外宣传的任务

高校也需在商业范畴内开展市场营销。唯有通过精确且行之有效的宣传策略，才能向社会各界揭示其面貌，进而引入优秀生源，并增强高校毕业生的社会认同度。随着未来高校教育市场的扩展，商业推广的重要性将愈加明显，这不仅关乎国内宣传，国际化推行也同样关键。这一行动也映射出高层次教育致力社会服务的实际行动。

四、现代高等教育管理的基本原则

依据当代高等教育管理的根本规则和操作机制，结合当前的主导观念，本书总结了现代高等教育管理的基本原则，具体包含以下几点。

（一）高校教育管理的方向性原则

我国高等教育的治理之道，遵循一个核心的指引理念：主张高校治理不断现代化、高效化，与此同时，坚定不移地遵循"教育奉献于社会主义现代化建设"理念，致力培育德智体美劳全面发展的新时代优秀人才。这一原则根植于我国社会主义教育管理的中心思想，其核心即为坚持执行党和国家出台的教育方针，旨在系统性地为国家经济社会发展培养不同层级和类型的人才，这些人才要忠于社会主义道路，要满足国家持续发展的人力资源需求，并体现出我国精准治理高等教育的基本准则。

（二）高校教育管理系统的效益性原则

高校教育管理系统的效益性原则，即系统整体效益最优原则，是追求全国范围内高等教育整体系统收益最大化的管理方针。该原则源于系统论的基本性原理。落实系统效能的方针，务必精确把握以下三个关键部分。

1.效益性

高校的教育机构与所有旨在达成特定目的的系统并无二致，均涉及成本消耗和成果发放。但其显著差异恰恰在于这类系统投入的是教育经费与教师智慧劳动，输出的是经过教育塑造的新一届专才和突破性的科研成果。这些更新颖的劳动力和知识资本能为社会创造出极其丰厚的经济价值。马克思曾形象地把高校描述为"知识的车间"。鉴于人才培养与"制造过程"相似，那么自然离不开对生产效能的讨论。我国的高校教育事业，在秉持社会主义教育的原则之余，还应该注重投资回报的经济效应，力求在输出确保品质的基础上尽量减少资源投入，或者在限定的资源投入下实现产出最大化。

2. 全局性

先前提及的效用，可以概括为局限效用与整体效用两种形式。这两种形式在某些情况下可能会相互吻合，在另外一些情况下则可能相互冲突。在管理高校教育的过程中，正确认定这两者间的关系至关重要，同时，要坚定不移地贯彻"高等教育全国统筹"的理念，以及"小处顺从大局"的原则。若个别地方的利益与整体利益发生冲突，则在某些情况下为确保整体效用的最大化，可以舍弃局部利益。

3. 结构最佳化

为实现整体利益的最大化，优化高等教育体系的内在构造是首要步骤。这就要求教育领袖在高等教育的结构和运作机制方面有深入的认识，即综合考察高等教育的本质属性（包括组成成分、各成分特性及其组合方式）和数量关系（各成分间的比例大小）两个层面，以期发现最适宜的教育体系构架，并依据这一模式有计划地重塑既有的高等教育体系。比如，现行高校教育管理执行的"控制增长速度，调节各部分比重，提升教育品质，追求效益最大化，完善体系结构，实现协调进展"策略，便是对系统效益原则最充分展现。

（三）高校教育管理的能级对等原则

高校教育管理中的能级对等规则，涉及高校体系内包含的组织、准则、人员能力的强弱，以对其进行划分层级所形成特定的序列、规则及准则。同时，在执行管理职能时，须保证管理层次与其能力水平相匹配的治理方针。该规则是基于适应力准则、主动性准则和动态发展准则衍生的管理哲学。

一套坚固的高校教育监管体系通常由四级构成，每级承担不同的职责。最高级——战略决策级，系高校教学管理枢纽之首席执行者，主导制定整体大局的战略决策；次一级——组织管理级，运用多样的管理方法和工具，下达具体管理命令以确保顶层订立战略的贯彻实施；第三级——实施执行级，直接动员并组织人力资源、资金和物资以践行管理命令；末级——基础操作级，执行日常详细任务。实施高校教育管理时需坚持能力匹配原则，并着重关注以下三个重要阶段。

1. 决策权要集中，管理层要精干

只有权力归于中枢，领导阶层达到高效精简，才能免于组织膨胀、互相推诿及内部消耗频发导致的低效能、高浪费局面，从而确保决策的迅捷和果断，以及管理的显著效益。

2. 各管理层次要有相应的"权、职、责、利、效"

领导者需实现权力、职责、义务、收益与成效的一体融合。其中，权力与职责构成了领导者在一定层面上行使应有职能（发挥所需能量）的基础和保障，而义务与收益可以作为推动领导者优秀履职的潜在激励，成效则是对管理成果的检验尺度或追求的终极目标。只有做到这五方面和谐一体，才能确保能力水平的高效协同。相反，一旦这五要素彼此分离，就必然导致有些人面临才干无法施展的无力局面和有些人处于不愿付出努力的消极状况，进而抑制了各管理层的积极主动性。

3. 各类能级必须形成动态对应

"动态对应"概念具有两重含义：首先是拥有特定技能的个体应被安置在匹配其才干水平的职位，即实行"人岗相宜"原则；其次是应依据个人能力的演变，灵活调整其职务位置。唯有通过持续的动态平衡以确保能力与岗位保持一致，才能达到管理上的顶尖效能。

（四）高等教育管理的动力原则

高校教育管理的推进理念在于，恰当地激发动力，充分激活高校内部各层面师生的积极性、自发性及创新精神，有力促进高等教育行业的快速与健全发展，朝着既定目标稳步前行。这个理念源于能动性原理的延伸。实行这一管理理念，关键是要妥善平衡物质、精神、信息这三种主要动力之间的相互作用。

1. 物质动力

有效实施经济激励政策，充分发挥物质诱因的推动效果，对于激发人们的工作热情与提升行政成效具有关键性保障。然而，物质刺激并不都是全能的，若错误地将物质驱动力视作唯一的驱动力，则将误入歧途，这种负面效果在"教育以培养人才为核心"的领域更显著，缺乏警惕意识就可能对年轻一代造成伤害。因此，强调物质和精神驱动力的协同作用至关重要。

2. 精神动力

精神动力犹如核心支柱，这类精神推动不仅能弥补有形能量的缺失，在特定环境中，还能转变成具有决定性的动力。对教育机构来讲，这种力量尤其宝贵。比如，教育领域的众多杰出人物体现的"孺子牛精神""点石成金精神""栋梁精神""园艺师精神"等，不仅是他们个人的力量之源，而且对广大高校教育者有巨大的感染力，并且具有潜在的激励功效。但是，精神动力无法在物质能源缺失的情况下单独生存，没有物质的支撑，它将无法稳固。因此，精神动力与物质能源的深度结合，对管理活动具有巨大益处。

3. 信息动力

资讯能量构成了一股特殊的推进力量，是既非物理能量也非心灵能量的单独存在。比如，世界科技变革与人类文明进步相关的资讯在中国高等教育变革领域发挥了关键作用，这种动能刺激着国内高等教育领导者寻求适合的发力点，进而激发他们释放创造性潜力，积极应对全球科技创新的挑战。

强调这一点非常必要，即任何形式的激励关键都是把"刺激量"控制得当。只有保持"刺激量"在合理范围之内，激励手段才会显现其成效；相反，"刺激量"太多或太少都可能导致激励效果的减弱乃至抵消。以奖金的均衡发放及评选全员优秀为例，这样的做法不仅不会激发动力，反而可能打击到那些真正优秀人士的积极性。这就向高校的管理者提出了一个问题：怎样掌握适宜的"激励度"。为了精确作答此问，管理者需深入分析被管理者的心理状况，并将此分析与环境的变化进行结合后审视，这样才能得出较为科学的结论。

（五）高校教育管理的反馈原则

高校的教育行政反馈原则，是指在高校层面的教育行政活动中，根据实行某个政策之后产生的反响（针对输出信息的回应），进而对原有政策进行修改、优化，或制定新的方针（对信息的再次控制和调节），其目的在于实现既定的管理目标。简单来说，就是"根据政策执行结果的反馈数据，修订或做出新的政策决策，确保管理活动更符合目标达成的原则"。该原则源于系统论和动态性原理。

依照动力与反力的原理，只要产出了信息，就一定伴随着对该信息的回应。然而，还需留心三个问题：一是并非所有输出的信息都能成功引发回应，即并非都能收到反馈；二是接到的反馈可能并非全然精确，部分可能发生了扭曲；三是即便拥有精确的反馈信息，也会面临价值评估的挑战，可能是因为微不足道的内容得到了"精确"的回应，却遗漏了对重要内容的反馈。因此，想要落实高校教育管理中的反馈原则，就必须做到以下三点要求。

1.必须保证高校教育管理回路是封闭的

高校教育监管体系应当是一个完整的闭合循环。若该体系留有巨大缺口，仅仅呈现信息输出而缺乏实施完毕后的反馈输入，则负责人将对实际执行的细节一无所知，也无法对其决策的正确性进行验证，这种情况无异于监管功能的彻底失效（等同于无监管存在）。那么，该如何确保我们的高校教育监管循环有效闭合呢？关键在于构建和完善高校教育监管系统中的反馈构造。这样的构造不应只是有形无实的，而应具备及时、精确收集反馈信息的能力。

2. 必须有灵敏的"信息感受器"

高校需配备敏感的"信息侦测装置"以便及时察觉管理层面与现实操作间的冲突和流转资讯。提升高校教育管理体系中反应单元对信息探测的敏感性至关重要，需从三个方面入手：首先，实施民主化治理，大幅开放讨论空间，认真聆听众多学者与教职员对教育经营的看法和建议，汇集智慧；其次，构建与完善教育政策及发展战略的研讨设施，如高校教育研究部门等，让高校教育研究领域的专家充分贡献其对高校管理的战略咨询功能，为行政决策奠定科学的基础；最后，创建并完善对毕业生实施的"追踪研究"体系与档案，以获得尽可能全面的社会反馈及雇主意见，从而为优化高校教育管理提供真实的参照。

3. 必须有高效能的"信息分析系统"

高效能的"信息分析系统"旨在对接收到的各类信息进行甄选和加工处理。在高校教育管理体系下，反馈机构不应只是简单地将搜集的资料原封不动地上报给高层领导，而应担负起对资料进行深度解析与提炼的责任。也就是说，这些资料应当是通过辨别真伪、精心挑选和提炼的，使搜集来的数据变成真实且极具价值的信息，进而提升决策的合理性、准确性和可执行性。若没有这样的"信息分析系统"，只是将反馈机构作为信息的传送带，则会把繁杂的信息毫无选择地呈现给决策者，使他们难以识别表象与实质、区分主次，易于让决策者犯下将部分当成整体或颠倒重要性的决策失误。

因此，在高等教育的管理层面上，需恪守信息回馈的规则，并加强对反馈体系的打造，以便灵敏地捉住微小的征兆并迅速上报，进而适时做出必要的举措，将冲突与难题在其萌发阶段便予以解决，达成"策划→实施→回馈→重新策划→再实施→再回馈"的闭环与持续向上的螺旋式发展，促使高校教育管理的持续自我更新与优化。

（六）高等教育管理的育人原则

在高校治理领域，所谓"培养人才、综合管理及个体全方位进步融为一体"的理念，即指提升高等教育管理成效，不单单要靠管理（包含管理技术和管理方式的现代化）实现，更关键的是依托教职人员自身素质的增长，以及他们在教学能力和人格发展上的全面进步，换而言之，就是依据"综合管理与人才培育相结合"的管理理念操作。该理念基于主体能动性原理产生。遵循"综合治理、教学培养与个人成长统筹兼顾"的基本方针，需要妥善掌握以下四个关键步骤。

第一步，在管理理念上必须彻底扭转将下属视为"自动化机械"的短视观念，并且改变认为管理成效仅仰赖下属快速及忠实地遵循指示的想法，确立一种认识，即管理成效应基于下属对于管理指令的情感投入、理解程度及执行技能的整体综合影响。

第二步，为提升管理对象对管理指令的情感认同，管理者需巧妙地将这些指令的落实和实施转化为每位成员（包括教师与学生）个人发展的内在驱动力，使命令成为他们主动的需索，从而引导其从被动接受命令走向自发工作，自觉地挖掘并发挥各自的潜质，全力以赴地实现管理指令的目标。

第三步，若期望管理对象对管理指令有更深刻的领悟，就必须营造环境使其在决策过程中更多地参与。参与的深度越强，领会的程度也会越强。

第四步，在提升领导层对于执行命令效力的同时，必须将"管理之本，关键在于人才搭配"的观点扩展到"人才配置必须以培养为核心"的高度，只有这样，才能紧握管理的精髓——把"培育人才"当作最重要的治理议题。通过教育与训练，促进人的全面发展，这样才能从根本上提高个体执行管理指令的效用。以上原则需全面渗透于高等教育管理的各层面及各环节，不宜局限于某一特定领域。而针对高等教育管理的各具体领域，还应当遵循自身特殊的规则，如在策略规划上的"灵活性法则"、领导架构上的"民主集中法则"等，在此不再详细说明。

第二节 高校教育管理的方法

在提升高校教育管理员工作效能的同时，既要尊重管理学这门学科的核心观点，也要积极促使这些观点随着学校环境的不断变化而发展与优化。由于大学生的活动类型复杂多变，加之现实环境的连续演进，教育管理者不应机械地套用一成不变的规划，而应采取灵活的管理手段，对照具体情境进行细致分析和应对。盲目遵循既定的学理不仅无助于问题解决，反而可能造成不良后果。

一、民主管理的方法

在现行的高校教育管理体系中，推进民主化的管理模式是迫切且必要的。追求民主本质上是人类对较高精神层面需求的体现。民主涉及个人素养的层面，而大学生群体出于其较出色的文化素质，对民主的诉求将更强烈和实际。在大学生群体中推行民主管理不但能促进学生在学习、生活乃至参与社会实践活动中的高效运作，还有利于他们自身的综合性成长。要实施有效的民主管理，关键需致力三个方面：一是充分尊重学生的主观能动性，二是正确评价学生的潜在价值，三是构建一种允许学生积极参与管理的新模式。

二、目标管理的方法

管理学权威人物彼得·德鲁克（Peter F. Drucker）于 1954 年首次提出目标管理法。在他看来，为了让组织中的成员在落实计划的过程中发挥出最优表现，同时，使他们的努力与成果相配，有必要将机构的义务转化为宏伟的目标。这就要求根据目标内容及组织结构特点，将这些宏大的目标拆解至各分支与管理层，管理层再按照这些明确的分目标进行员工的指导和监管工作。目标管理法主张，组织中的每个人和各部门都应齐心协力，朝着实现组织的整体目标奋进，并在自身责任所在的范围内，独立设立小目标、小策略和小程序，以求高效地完成既定任务。

三、刚性管理的方法

繁文缛节的管理模式本质上是强调通过一系列规则和规章实施权威性管理，此类管理以制度为主导，依赖纪律的严格性、激励与处罚的体系，以及对组织成员行为的规范。此种管理方法主要着重维护秩序的稳固，沿用"自上而下"的集中掌控方式，以明文规定的制度为根本。各项制度通常通过具体的法规、准则、标志性要求、纪律约束和目标指示等方式具象化，旨在加强外部管理力度与监督效果，操控性和引导性十分突出，约束力明显并切实可行。常言道，没有规矩不成方圆。每个机构的稳定运行和效益提升，必须依赖严密的规章和结构。刚性管理作为确保组织健康平稳运作的必需条件，是管理体系中不可或缺的重要内容，本质上它追求的也是合规性的管理途径与策略。

在人生进步的重要阶段，高校学生极容易受到外部因素的干扰，懒散态度往往会轻易扩大，其决策水平及自我管理的技能也表现得不尽如人意，其个人成长的轨迹呈现明显的内心冲突现象。

比如，尽管学生的自我认知较高，但他们缺失了自我管理、自律及调节的本领；他们有成长的渴望，却受困于个人素养、能力及社会环境的制约。面对这种局面，严格的管理措施不但是必需的，也在事实上被证明是有效的。实行严格管理的目的，并非在于处罚学生，而是基于"法治"原则，旨在通过正确的引导约束学生行为，保持校园秩序，提升教育教学的品质，增进学生的学习和活动效率，并助力学生的成长发展。严格管理侧重外部规范的施行，主要是通过政策、法律、条例、制度等建立一套规律性的行为准则。管理者的意志在这些明文规定中得到体现，学生的行为需遵循既定的规章，因而在评判是非功过上有可遵循的标杆和统一量表。这些具体的法规制度不仅操作性强，还为学生提供了清晰的行动指引，也赋予了学生安全与归属感，使其在规章体系内能自信且怀抱希望地自由发展。

四、柔性管理的方法

弹性的治理观念是作为对固定模式治理方式的一种补充被提出的。进入 21 世纪以来，人们对管理的要求已经超越了单一的规制、严谨与方法论，转而着重人与人之间的情感交流和个体尊重，在此基础上追求情感的交融和思想的共鸣，目的是共同促成组织既定的宗旨。因此，弹性管理概念兴起。在高校教育管理领域，管理者面临的主体是充满想法、感情和理想的高校学生群体，简单的固定管理手段已不足以应对当前高校教育管理遇到的诸多挑战，需要适度融入弹性的管理元素。弹性管理将人放在核心位置，尊重人性，重视心灵的交流与关照，着重从和谐的组织文化和共识的价值观念出发，以增强团体的内在向力与黏合度，同时，唤起每位成员内在的积极性、自发性和创新性。弹性管理代表了对固定管理的深化与提炼，它不否定固定管理的基础与条件，而是在此之上赋予组织更多的生机与活力。

如果把严格规章理解为比较刻板的措施，那么灵活管理在很大程度上体现出适应性和对个体心态的顺应性。然而，在高校教育管理中，无论是选择刚性控制还是灵活适应的策略，它们的根本目标都是促进学生的自我发展和全面素养的提高。从这一视角出发，这两类管理策略就像是教育领航的一对翅膀或推进的两个轮子，它们相辅相成，应该倡导共融、共存和共建的理念，以实现软硬兼施的管理效果。

在高校的教育环境中，负责学生日常管理的全职工作人员需采纳一种柔性的管理策略，其精髓在于把学生放在管理的中心位置，注重对学生的人性化关怀。这种管理理念提倡在尊崇并维护学生个体特质及尊重其价值的同时，唤起他们内在的热忱、自主性与创造精神。其目的是确保学生能在高校的诸多领域内，包括学术研究、日常生活、技能提升、性格培养、参与校园事务或社会实践等，从消极的被动状态逐步走向积极的主动参与，从消极等待转变为积极作为，从依赖外界激励转向自我激励。这种做法旨在培养学生能自我管理、自我约束、自我增进、自我实现，其最终目标是将他们塑造成社会渴望的具有优良素养、卓越才能和创新精神的优秀人才。

五、系统管理的方法

系统治理涉及辨识、领悟并统筹一系列相互作用的流程，作为一个整体进行管理，目的是帮助机构更有效地达成既定目标。

高校的教育管理呈现出一种整体性的治理特征，主要在以下几个关键点上得到体现。

（一）整体性

高校的教育管理体系构建于众多互相独立但又息息相关、互相作用及相互约束的分支体系之上。依据系统理论的观点，如果这些分支体系各自的职能都能正常运作，那么整个教育管理体系将呈现相对完美的性能。即便个别分支体系的效能未能达到预期水准，只要这些分支能形成一个互补的统一集合，通常也能达到较优的管理效果。这正体现了整体优于各部分总和的理念。

（二）关联性

在高校的教育管理领域内，不同的组成部分既有其独特性，又存在着联系、互动和依赖，并且它们各自拥有着明确的职责划分。

（三）环境适应性

环境塑造了有针对性的管理手段，高校的教育管理也需要依赖特定的背景，无论是学生专业技能掌握、能力培养，还是道德素质的提升，都需要在适宜的条件下才能实现。教育管理的成效在很大程度上取决于其对环境的适应能力，只有在与环境相协调、充分利用有利环境资源的情况下，管理才能展现其效力。

（四）动态平衡性

在高校教育管理系统中，其内部各构成要素应依据社会不断变迁的宏观背景，在时间维度、地理位置和资源配置上实行相应的调整与优化，确保对外部环境变化的敏感响应与及时适配。此外，系统应维持一种内在的动态均衡状态，即通过协调系统内部各环节与要素的关系及比重，防止系统出现功能错乱，从而保障其整体运作的稳定性。

（五）目的性

高校的教育管理体系包含多元化的目的。该架构融合了宏观主旨与微观目标，共同构筑起一套完善的目标系统。通过对该系统的完善，高效配置教育资源，并以此激发管理层面的创新突破，可以为学生打造尽可能广阔的成长舞台。

第三节　高校教育管理流程与优化

一、高校教育管理的流程

高校管理的实质是高校的领导层对其团队成员发起统一的号召并进行指导，为实现一系列既定的管理成果进行的系列联合性活动。

该活动流程呈现出多方参与、有条不紊且在掌控范围内进行的特征。详细操作步骤会根据被管理对象和情境的变化呈现差异性，但通常包含调研、预估、规划、抉择、执行、协作、引导、监控、复核、评估、审定、剖析及应对等环节。简而言之，该过程分为规划、执行、审查和总结四大环节。

（一）规划

规划是启动管理程序的第一步，是对将来实施的针对性、系统性布局，也是随后各步骤依循的基础。作为高校施教管理更加科学化的显著象征，若缺乏规划，则无从论及科学化管理。规划承担导航、引领及调和职能，能杜绝无计划、偏颇与任性的作为。科学且合理的规划，有助于为高校的诸多职责划定清晰边界，揭示任务蓝图的宏观轮廓与前景，使人明晰职责要点、策略及行动方略，主动促成规划的和谐执行，确保系统的运作井然有序。

1.制订计划的依据

在拟定策略时，应详细考量以下要素。首先，策略的指导思想必须建立在党和国家对教育的方向、政策的基础上，尤其要结合当前的国情及上级机关关于高校经营的指导原则、方针和种种明确指令，确保策略的正确性，这一点是确保策略能有效执行的关键所在。其次，策略的拟定需参照多种科学理论，特别是教育学和管理学的相关理论标准。另外，对相应领域专业理论的深刻理解也是必需的，依托客观法则来制订行动计划，确保策略的科学合理性。最后，应充分考虑高校的具体条件和实际需要，如高校的物质条件、其肩负的任务、上一管理周期的运作状态及成效等，这是为了确保策略的实际可操作性。

2.计划的内容和制订计划的方法

（1）计划的内容应当映射出领导旨归的多项准则，并明确制定出达成旨归的策略、方式与路径。因而，一份精密的计划，不但需要在目标层面上进行科学构思，还需要对各任务模块进行周密的组织与分派，安排有序且遵循时间节点，搭配合理的人员动员，保证财物的充足供应。在计划中，通常需要清晰地界定以下要点：做什么工程、为何而做、采取哪些手段、达成何种级别、何地进行、何时展开、由谁负责，以及拥有哪些物质条件作为支撑。

（2）制订计划的基本流程可概括为"三寻一拟"，意指寻觅关键难题，寻求问题出现的原因，探索影响成效的因素，从而拟定应对措施。在细节上则可划分为以下几个阶段。

第一阶段，积累资讯，掌握依托。设计策略需先积累众多真实性高的资讯。因此，在策划之初，需通过多元方法，慎重地进行调研工作，尽可能收集涉及策划的相关资讯。与此同时，应当学习、理解党和国家提出的相关方向、政策的指引，并且掌握所需的科学理论和行业知识。在此前提下，剖析当下的客观现状，并以此预判未来的发展情势。

第二阶段，设定目标并筹划策略。由核心领导团队提出规划框架，涉及既定目的、方针指导、关键任务及相应对策。进而广泛征询民众建议，集结相关单位进行沟通协商，确立目标，并草拟多元化的规划提案。

第三阶段，审查磋商，调整定稿。通过多次研讨和广泛征集意见，将不同策略予以对比并分析优劣，再经过进一步的修正和补充，锁定最优策略，并制定出正式的计划方案。

第四阶段，提交报批及分发实施，构建规划体系。完成审批的正式计划应根据组织架构与实际需求进行提交和分发。宏观层面的工作规划应以高校机构名义审批发布，而日常工作规划可由主要职能部门审批发布。基层部门需依据上层规划，结合实际状况拟定相应的执行规划，以此建立起完整的规划体系。

（二）执行

将计划的宏图目标转化为现实行动，意味着需要集合所有队员，积极行动起来，凿实每步计划，确保任务的圆满完成。执行任务是院校运作的核心环节。在执行的轨迹上，所有工序依照先前设定的蓝图稳步推进，各层级主动承担起相应的使命，全体人员依照岗位职责定位，众志成城，冲刺既定目标。执行中最关键的是要极致地激发出各方积极因素，提升执行的效能。因此，管理者必须实时跟踪计划的执行情况，并且采取有效的组织、指导、协调、教育和激励等方法达成高效管理。

1. 组织

依照既定计划的要求，机构需对教育机构的师资、经费、资源、时间段及数据进行细致的计划与安排，作为计划执行的首步。这一机构能力的高低，直接影响着高校各项运营要素的高效管理，并会对管理效果造成深远的影响。管理者必须运用科学的方法，对这些要素按时按地地进行优化配置。首先，管理者要对人才进行合理部署。作为人才会集之所，管理者需择优录用，根据人力的能级与职位需求，均衡人员职责，使个体优势得到发挥并补足不足，从而实现个体才能的最大化发展及岗位适配最优化。其次，管理者需对财经资源和物质资源进行周到的规划。按照教育任务需求及可用的经费物资状况进行权衡，确定教学与其他项的优先顺序，进行细密预算，以确保资源被高效应用，最大限度地提高资金和物资的使用效益。合理安排时间，保障教职员工和学生能有组织、有节律地进行教学活动与学术追求。再次，管理者需构建一个精简、严格、高效的管理团队，厘清管理层各职位功能和责任，确保权限层次清晰，职责边界明确。最后，管理者应确立恰当的规章制度，为工作流程提供框架参照，保障教育体系的平稳运转。

2. 指导

在执行层面上，管理者需要在任务进行时对员工进行调度和辅导。在计划付诸实践的过程中，形形色色的状况可能会不断涌现，且任务的推进不总是顺利无阻，常常会碰到各种预料之外的难题。因此，管理者必须适时地对执行人员进行引导，以确保任务能按部就班地展开，避免资源的无谓耗散。

为实施有效的领导，首先，必须稳固民心。对执行人员，领导者需与之建立和谐的伙伴关系，成为他们贴心的盟友，以使其愿意接受领导。其次，深入工作一线，全方位、深层次、实时、详尽地掌握现状和资讯。一方面，通过敏感、精确、强效的信息反馈机制获取情报；另一方面，亲自倾听各方面的意见，预防各种误差。需牢记"不基于三个以上具体实例的情报不足以为信"，这个观点不无道理。再次，坚守原则，既要有勇气进行领导，也要善于实施领导。引导执行人员忠诚且有创造性地完成计划，不可让其随心所欲。面对问题，正视冲突，及时进行导向，不可放任或姑息。最后，重视工作方法。应在弄清楚状况后，整体策略思考，谋定而后动，冷静深思后果断做出决定。对于向执行人员的直接指导，需根据人和事的具体情况灵活变通。应遵守行政管理的正规途径办事，不应直接干预下级的工作。管理时应做到引导而非强迫，协助而不取代，示范而非说教，批评但不压迫，让执行人员心甘情愿地追随自己。

3. 协调

协调是指合作与平衡之艺，是执行方案时的关键职责。教育机构若想全面发挥其团队潜能，确保方案得到妥善执行，就需在管理层面推行紧密合作。教育体系呈现为复杂且不断变化的互联网状。因此，在实际操作过程中，可能会遭遇未能在方案制订阶段预料到的诸多冲突，同时，要面对外部环境的新挑战与变动。若这些问题与不确定因素无法得到迅速、妥善的处理，则可能招致负面影响，妨碍方案的顺畅执行。故必须持续且适时地进行调和工作。在教育管理实务中，调和任务繁重复杂，大致可归类为外部协同与内部调和。

（1）所谓"外部协同"，就是系统与其所处环境之间的相互配合。就教育机构而言，外部协同通常涉及与其直属管理机构、同级其他学府、研究机构，以及社会各界关系的维护与配合。这种配合行为应当依照上级部门制定的相关指导原则和各单位间预定的协作计划执行。

（2）校内各相关部分的调和即为内部调和，其包含上、下层次间的纵向调和与同层次间的横向调和。在纵向调和方面，需着重处理四类关系：一是不同等级与层次的组织应建立起全校统筹合作的观念，各司其职并紧密配合推动教学任务；二是全体成员需基于各自职责实现无缝对接，形成高效团队合作；三是人员安排要依据工作需要而非个人偏好；四是对各事务应按教育为核心的准则加以区分和排序，保证工作进度和谐匹配。在维护这四类关系时，必须恪守两大原则：一是全局观念是前提，坚持客观、公正的处理精神，增强团队凝聚力；二是计划是根本，管理层应以计划为准绳，确保任务按时完成。管理者需依计划确保每个环节的协调一致，同时，确立计划的权威性和不变性。一经确定的计划，便具有约束作用，它既限定执行人员的行为，也限定管理者本身的管理活动。各相关部门与团队内的成员必须严格遵守并仔细落实指示，不允许擅自更改或废止。特别是，对于教育规划这一关乎校园整体运作的重大事项，绝不可出现朝令夕改的情况。

4. 教育和激励

实施高校的各种规划离不开全体成员的辛勤付出。员工的积极性与效能会根据外界因素的演变持续调整。因此，在推动规划期间，应不断采取措施以激发和增强团队成员落实方案的热忱，这就要对他们持续进行培训和鼓励。

培养与提升人们的思想境界是教育主旨。管理层需深入探索新环境下思想引导的独特要求，尊重个体思维演变的自然法则，借助心理学的理论与实践洞察不同群体的心理状态，准确地预见其行动模式，并根据具体人物、事件、环境和时机的不同，采用灵活而多元的策略将思想教育融汇在日常事务中，实时而有目的地落实思想引导任务，从而提升群体的政治意识和积极参与各项事务的热情。

激励是挖掘个体潜在能力、促进智慧与才能发展，以及激活管理层与一线员工积极性和创新思维的重要工具。管理者必须精准把握现实情况，灵活运用多样化策略，控制恰当的激励强度，通过表彰或指责，奖赏或处罚等手段唤醒执行人员的积极性。消弭或缓解错误行为，使执行人员的积极参与达到最优状态。在施行激励策略时，需与思想政治教育紧密融合，以精神激励为主，辅以物质激励。

上述施行环节中的这四项管理方法，其核心都集中于完成既定的规划及达成既定的目标。它们在整个执行规划的过程中贯穿始终，并且是一个互为衔接、互相协作、密不可分的统一体。倘若组织缺乏指导，规划就会难以实行，如果轻视了任务及团队成员之间的协同，就可能引起不必要的纷争和碰撞，为确保组织和指导、协同的有效推进，便不得不采用教育和激励的手段。

（三）审查

审视与监管是高校管理流程中的关键步骤，它代表了管理者为达成既定目标而采用的一种策略。在执行方案的过程中，通过特定的机制对方案的推行状况进行观察，进而将推行结果与既定目标进行对照，对成果和管理成效实施评估与审查。审查不仅是对基层贯彻执行情况的督导与评估，还是对管理层能力的考量。实施审视工作有助于及时识别并处理问题，防止损失，并能归纳出实践智慧，适时推行能提升业务发展能力。此外，审查也是归纳总结工作的基础，它为提炼经验教训提供了客观根据。因此，作为一名管理者应将审视环节视作实践工作方针、促进业务增长、提升管理成效的一个关键策略，并应科学和高效率地加以应用。

1. 审查的方式

（1）日常审查。在平时的工作、学业及日常生活领域，管理者通过踊跃参与多种形式的活动以获取和掌握第一手资讯，这被认作一条既有效又便捷的途径。此途径要求管理者具备敏锐的观察力和勤于思考分析的习惯，能洞察微观现象反映的宏观趋势，由此深入了解各类信息，并从中把握事物发展的普遍态势、基础状况及主流趋向。进一步而言，此种做法在贴近基层实际、增强与公众的联络、克制形式主义、倾听民众的声音方面也展现了其深远的价值和积极影响。

（2）会议审查。采用开会并聆听汇报的形式进行审查，是一条实现审视目标的途径。由于教育机构部门众多且业务领域广泛，管理层不可能亲力亲为地处理所有事宜，因此必须借助这种检验机制。

（3）书面审查。对文字资料施行细致审核的过程称为"文献查验任务"。这一过程的完成有两条路径。一条路径是"自下而上"的汇报机制，这意味着基础单位或个人将在实施具体任务过程中遭遇的问题、处理方法、找到的解答和未来规划等内容记录成报告，再向上汇报；另一条路径是"自上而下"，上级部门分发研究问卷和统计表格等，让下属按照既定要求如实记录信息、反馈数据，且需定期汇总上报。在实施这类方法时，需确保其具备精准性和实际效益，防止其流于形式，还要注意避免频繁要求上报文件而干扰基层的日常运作。

（4）定期审查。定期性的审查是根据预定的时间周期进行的系统性评估。教育机构常见的定期性审查分为两类：一是基于年度，划分为每半年进行的审查和年底的总结性审查；二是依据教学进度，进行课程中段和课程结束时的审查。审查的具体做法取决于工作的本质。如对学生的学业进展进行审查，普遍采用的是考试的方式；对教师的教学表现进行审查，可能通过旁听课程、查看教案或组织学生座谈等方式进行。

（5）抽样审查。抽样审查是指在待审查的群体中随机选取一定数量的人、业务、资料等以进行评估。当条件如人手、时间、地点的限制使对应单位的全面审查不可行或不必要时，这种方法将被采用。抽样审查常分为以下两类。第一类为目的性抽样审查，在对所有候审对象做出初步分析后，挑选有代表性的单位或个体开展示范性审查。比如，审阅优秀与初任教师的教学计划、细究某学科改革的教育质量等。第二类为随机抽样审查，彻底摒弃管理者意图性的选取，确保每个单位都有相同的机会被选中审查。可通过抽签方式决定审查对象；也可为候审对象编制编号，依照一定的次序和间隔选取；抑或将候审对象先分成数个层级，再从中随机选取部分对象以供审查。审查的手段多样化，每种方式都具备各自的独特之处。在管理实务中，应根据审查的目标及候审对象的具体状况，灵活选用不同的审查方法。

2. 审查的要求

（1）必须根据预先制定的方案执行。禁止根据个人偏好对检验的项目及准绳做出调整，要实施的任务目标、需遵守的准则与体系，以及达成目标的程序与办法，在方案中均设有详尽的指引与需求。监察人员需对方案有透彻的把握，在审查工作表现时以方案作为判定基准，决不能以个人喜好取代方案标准。只有坚持依照方案严格检查，方能确保有一致的标杆，提升方案的执行动力。若检查结束以个人见解定夺，忽略方案指示，则势必对方案的落实造成负面影响。

（2）要经常、及时，不使问题成堆。在管理过程中，难免会有各式各样的问题出现。如果不能实时地进行审查和反馈，就会延误对这些问题的处理，这样不仅会对工作造成损害，还会使问题越积越多，使管理进一步变得复杂。为此，必须保证检查工作的频繁且及时进行，不但要常常亲临现场进行即时检查，也应当建立一套规律性的检查机制，以确保及时地揭示问题，并避免问题的累积。

（3）要实事求是，不带任何偏见。审查旨在为问题诊断与对策提供确凿的资料。这一过程要求获取的信息必须精确、可信。因此，在审查工作中，应恪守客观真实的准则，务必依托客观事实进行，做到公正不偏袒，竭尽所能挖掘真实情况；亲力亲为搜集海量原始资讯，对整体资料进行深入的剖析，让数据本身发声。

（4）要深入、全面，不能以偏概全。审查应该深入且全面，紧抓核心要素。审查人员需从多个视角出发，采纳多样化的方法互相配合，以避免偏颇。并且，必须关注对整个过程的审视，既要掌握问题的根源，也要观察它们当前的状况及未来的发展趋势。

（5）要切实解决问题，不能拖而不决。审查旨在揭示并处理难题，促进各项事务向前发展。进行审查的人员需将成果与形成这些成果背后的因素综合分析，目的是得到能真实反映实际情况和内在规律的准确判断。在此基础上，应当运用科学的方法深入剖析，识别核心问题及其成因，并主动实施对策予以克服。对于规划方案中存在的问题，应适时调整；对于在执行过程中出现的问题，需要深入挖掘其根源，并据此提供指导性建议，确保问题能迅速得到解决。

（四）总结

整理成效是管理流程的收官之举，它标志着当前管理周期的结束，同时，为接下来的管理工作奠定了基础，扮演起串联过去与未来的角色。对已办事项的深入解析，目的在于用恰当的方法对取得的成绩进行确认、摘录实践中的智慧、指出问题所在、吸取教训。基于这些，为将来的管理工作指明焦点和应注意的细节，这样做可以保证管理工作在现有成果上不断攀升至更高水平，呈现管理能力的逐级提高。仔细地整理流程不仅积累了经验、促进了管理技能的提升、指引了未来工作的方向，对于推动教育管理系统性发展也至关重要，是增强工作效率的重要途径。

概括工作往往先自顶层一级设立目标，激励参与，确立核心理念、目的性质、施行策略，随后自基层向上梳理、探究因果并归纳定论。概括流程的常见步骤：激励团队或个体小结—召集交流研讨—集体综合概括—针对问题施行解决方案。概括时应聚焦要点而不忽视整体，避免因局部而误判整体，对于面临的难题，需深入剖析成因并提出整改方案。

1. 总结要有科学性

总结工作是一次对案例实施效果的复盘、对方案执行成效的审视，以及对集体与个体遵循方案情形的验收。在进行总结时，必须恪守科学原则，避免将个人观感与事实二者割裂。总结工作应建立在科学的证据上，对工作进展的评价需基于一套客观的准则与衡量标准。这就是事前设立的方案本身。离开了计划，执行就失去了依据，也失去了衡量的标准。在总结作业前，需执行细致与周到的审视和回思，确保是以审视过程中揭示的真实情况作为根据，对照实际规划和审视成效进行考量，评判并分析收集到的实际数据。在进一步概括时，应聚焦关键要素，对能显现出经验与教训的特殊案例进行主要概括，尽量避免面面俱到和对事务宽泛考察。

2. 总结要有理论性

只有当实操履历攀升至理念境界并演变为跨越式发展时，它才幻化为真正有价值的智慧财富。概括总结并非行政作业的终点，而是朝高阶层面蜕变的起点。对于业务完成情况，应该避免只进行肤浅的评估性考察，需要将其当作一条从管理执行升华至管理思想层面的道路，视为对教育机构管理法则探求的旅程。鉴于此，在总结时，需牢记并实践如下要点：首先，不应只是对具体事件做出断定，还要通过事件探讨深层逻辑，进一步洞察管理活动的内在法则；其次，对失败应持正视态度，以理性分析为基准，从规律性角度寻找问题的原因，并擅长将失败变为知识；最后，要让实践中得来的教训在确凿事实的支撑下得到升华，提炼出行之有效的操作经验，使其对实际管理发挥指导作用。

3. 总结要有激励性

回顾往昔，旨在放眼将来，激励事业进步。在回顾之时，应激发大众的积极态度，将回顾作为奋斗的新起点和激励站。在此过程中，领导者需对机构及个体的成就表示充分认可和热烈称赞，同时，表彰杰出人士并推广其宝贵经验。对于存在的瑕疵，应结合实际情况，提供原因分析，指导大家吸取教训。进行回顾应注意方式。面对成就，人们容易调动积极性，却也容易骄傲或自满；面对问题，人们往往怨言连连、容易气馁或倾向强调外在因素以逃避责任。

二、高校教育管理流程优化的方法

（一）构建校园管理的网络化流程架构，以提升教育管理的科学性

在高校教育管理体制刷新的理念下，需要教育管理者搭建一个互联的管理架构。其中，领导者必须依据本校的管理特点改进，深化对原有教育管理不足之处的认识，以此构建出更完善的互联管理流程架构。为此，高校须对其内部的管理流程进行剖析，改善那些过时的治理方式，并对制约教育管理体系进步的各项规章进行修改与完善。同时，管理层须及时依据现行教育管理中的问题与短板进行调整和创新，并根据现实情况构筑起一套科学的管理架构，从而高效地协调管理人员、教师、学生的关系。此外，高校应当实施学科、系别层级管理体系，确保各层级部门的责任分明，并在高校教育管理改革的历程中培养出更专业、更强大、持有前沿教育管理理念的管理团队，并辅以相应的制度体系，确保高校教育的管理流程更科学合理、更符合社会进步的要求。

（二）改善教育材料，关注有效操控人力资源培育过程

在高校教育管理的过程中，必须结合市场的公正性和管理的开放性，以优化资源分配体系。高校应当在教育理念、体制等维度积极创新，实现教育管理的多样化。这需要高校明晰其教育机构的职能，并在发现管理中的缺陷时，立即根据实际状况进行必要的调整和改善。在重塑教育管理流程时，应当注重专业问题，并利用现代信息技术增强教育资源，从而建立更完备的教育管理信息系统，推动教学管理向更专业化发展。同时，应推动校企合作、产学研结合的模式，以进一步提升人才培养和管理水平。

（三）体现出"以生为本"的教学管理理念

高校教育管理的更新与提升亟须关注学生这一核心因素。高校教育管理工作同样是对各类资源进行分配的关键环节，这要求教育管理工作者必须在满足对教育资源合理分配的实际需求时，突出人的价值所在，充分发掘个体潜力，激发参与者的积极性，以确保教育管理目标在高等教育的日常管理活动中能被切实达成，并且这一管理过程应以符合自然规律的方式进行。就教育流程的更新和提升而言，需牢固树立对学生成长客观规律的尊重意识，注意体现学生个体的多样性，将学生置于教育及管理的核心地位，在关注学生专业技能培育的同时重视其身心健康，积极探索一条以学生为中心的教育管理路径，以达到优化管理的效果。相较于传统模式，经流程重塑的管理模式更能深刻展现"以学为本"的教学理念，着重提高学生的独立性和尊重个体需求与能力差异。在培养学生精神面貌方面，管理者期许学生拥有丰富多彩的个性特质，以满足高校教育管理流程改革与提质的内在要求。

（四）利用现代信息技术，建设共享数据信息平台

鉴于旧式教育理念及技术层面的限制，传统教育体系未能着眼于挖掘学生潜能的最终目标，对个体学生展开有针对性的教育培养。这导致学生往往无法满足现代多元化社会对人才的期待。随着电子信息科技的高速进步，高校有能力采用尖端技术，重新构建以学生个性发展为核心的组织架构和教学过程，换而言之，就是对教学过程实行改良。现代化的信息技术手段支持了教育流程的创新，高校理应利用这些流程改进工具及信息系统平台，对教育流程进行改革，建立一个支撑教育流程改善的信息技术框架。这样不仅能激励学生的兴趣与热情，还能培育学生独有的个人特质与创造力，从而有效提升教学的品质。

在当下社交媒体流行的环境中，网络教育变得日益重要，各高

校争相投入资金强化在线教学课程，并建立教育资源共享的网络平台，其目的是提高学术管理的效能及应对新时代教学的挑战。因此，高校应当依据自身教学特质与数字化改革的经验，构建一个教育资源共享系统，致力打造一个真正智能化、自动化的学务管理过程。首先，为了提升教育管理的效率，高校需要主动采用大数据、云计算、人工智能等现代化信息技术，融合既有的管理系统，创建一个便于信息共享与互通的数据管理平台，以信息化手段提升管理支撑能力；其次，高校需按照职能需求及社交媒体时代的趋势，更新和强化教务管理系统，完善其服务功能，打造出更符合校园特色的教务信息系统，从而提升服务效率与质量；最后，在不断推进教育管理流程的高效运作过程中，高校需注重对于网络基础架构的持续建设，不断加强信息化设施建设，为流程优化奠定坚实的信息化基础。

第二章 高校教育管理的信息化研究

第一节 高校教育管理信息化概述

一、高校教育管理信息化的含义

高校内部对教育管理流程的数字化转型涉及包括计算机技术、互联网通信和多媒体在内的现代信息技术，实现对教育活动各环节的统筹兼顾。这样的转型不仅旨在通过技术提升教学效果和管理效率，还代表现代管理理念在高等教育界的深入应用和展现。简而言之，高校教育管理信息化是信息管理理念在高等教育领域的具体延伸，它强调的是信息技术在教育中的综合运用，以及现代化管理理念对教育系统的全面影响。要想准确理解高校教学管理信息化的含义，需要明确以下几项内容。

（一）信息化管理是高校实现管理现代化的过程

信息化管理多应用于企业管理，是指对企业信息实施过程进行管理集成。信息科技是加速公司发展变革的主要推进力，目的是依靠科技的力量优化管控水准，加快产业的现代化步伐。公司追逐的根本目标是提高自身的领先地位，实现价值上升至高峰。在实践商业策略的过程中，公司主动融合前沿的信息科技和高效率的管理方法，通过多样的管理手段和策略变革生产与运作方式及其组织结构，对企业运作流程进行提升和精进。企业通过整合内外部资源并对其进行高效配置，深挖人力资源、物资和财务的可能性，以此增强公司的操作效能和盈利水平，维持其市场竞争力，用最小的资源消耗获得最佳的经济收益。在公司信息化管理的实践中，高效的运营活动尤为关键，流程的完善与革新是达成这些目标的核心环节，信息科技成为这一过程的重要辅助手段。

参照企业信息化管理的概念，可以将高等教育机构的管理信息化理解为一个促进高校教育管理现代化的演进过程。与企业信息化管理不同的是，高校信息化管理的核心宗旨在于促进高校完成其教育人才的培育任务。高校教育管理信息化的实质是将现代信息技术嵌入高校的教育管理体系，运用这些技术整合校园内外的资源并改革高校的管理机制和流程，其目的是加强高校的科学决策能力、规范化管理、提升管理效率，进而推动高校的改革与发展，提升教育教学品质和高校运营质量，加强高校在教育领域的竞争力。

（二）将信息技术融入校园管理，实现二者的结合与革新

在当代企业发展中，数字化管理居于枢纽地位，其根基在于搭建数据处理平台及深层次的数据剖析。企业通过信息科技的应用，将设计、采购、生产、加工、财务、营销推广及日常的运作和治理等环节融为一体，落实信息资源的均匀共享。此外，通过现代技术手段发掘隐藏的客户群体，为企业的决策过程提供坚强的数据后盾。这一连串作业有利于削减库存量，提升生产效能与商品质量，以及敏捷应对市场的波动，进而增强企业在市场上的竞争能力。就高校而言，走向教育管理数字化，收集和细化数据的工作同样不可或缺。高校需构建一个涉及教学、科研、行政及物业管理的综合性信息系统，将招生、就业、教学研究、后勤行政、财务资产和社区服务等方面有效链接，建立起宏观的系统网络以便共享数据。这将为高校提供精准和科学的管理决策支持，从而提高管理效率，改善教学品质和教育水平。

数字化管理在高校内的实施过程，一方面，改造更新了传统的

管理模式与管理体系，涉及管理结构的优化与升级，以及办公流程的刷新与增效；另一方面，依托先进信息技术实现工作及信息流动的精准操作与严格监控，致力各部门、职位与岗位操作的数字化、规范化及标准化。然而，数字化管理的实质并不等同于信息技术与管理职能的简单重叠。在推行数字化管理时，高校常常面临信息系统与既有管理规则、组织行为的强烈冲突，尤其当管理层面甚至治理结构亟须创新之时，信息系统的支撑可能力不从心。这就要求高校借助数字化工具促成组织的管理改革，需从战略高度整合校园文化、教育观念、管理规章和组织框架等要素，确保信息技术与校方管理新模式和策略深度集成。

（三）信息化管理是动态的管理过程

信息化管理是一个持续演进、逐步深化的作业流程。构建管理信息系统需紧密结合机构的成长蓝图，并满足其发展与运营的实际需求。高等教育机构的经营本质上也处于不断发展中，不同发展阶段关注的焦点有所区别。随着高等教育革新的稳步前行，对数字化管理的需求在不断变化，因此高校的数字化办公是一种动态的管理活动。高等教育机构在信息系统的软件及硬件部署上，必须迎合其发展动态，适应其各项业务流程的持续变革，以此打造规划、执行、运用至评估的持续优化环节。

二、高校教育管理信息化的主要特征

（一）系统性

高校教育管理数字化是一项纷繁且庞大的综合项目，涉及教研机构数字化，学生管理数字化，基建设施数字化及行政事务数字化，与政府机关、高等院校、师资队伍、在校生及社会团体（包括软硬件供应商、通信机构）等多方利益相关者紧密相连，凸显出高校教育管理数字化、系统化的核心特征。因此，高校需妥善调和与这些相关方的互动，构筑长远且和谐的伙伴关系，从而对数字化资源进行更优化的分配，用以提升教育管理服务，进而迅速增进教学与科研管理的工作效率，并确保教育管理数字化系统有效促进教育管理架构及治理效能向现代化转型。

（二）目标性

作为现代化教育不可或缺的一部分，高校在教育管理方面信息技术的应用，既具备现实可操作性也追求既定目标。在国家层面上，根本宗旨在于借助教育管理的公共服务系统，全方位而精准地获取高校的相关活动数据，以此支持教育政策的制定，增强教育监管的效力，并不断优化教育管理的质量；在校园层面上，首要目的则是要利用好信息化的设施及资源，在节省工作流程的同时，提高校内行政、授课、研究等不同职能部门的管理成效，并且实现信息科技与教育的深层次结合，从而提升教学品质、增加教育效益、改善教育环境，增强高校的管理效率，推动教育领域的发展。

（三）协同性

在高校内部，教育管理的信息化系统表现出具备复杂且动态的互馈属性。该系统涉及众多互动因素，包括教育经费的投入、基础建设和信息资源的整合、信息技术人才的培养、教师与学生处理信息的技能、科研及教学活动的管理效率、评价教育的机制、利益相关者的参与度，以及政策指导的深度、师生比例等。此外，这一复杂动态的系统会受到外部环境如经济状况、教学质量和信息技术发展水平等因素的影响，其内部既有促进信息化管理向前发展的积极反馈，也可能产生阻碍其发展的消极反馈。正是由于这些因素，在平衡与调和这个系统内部和外部因素的关系上，信息管理系统结构和功能的均衡发展与优化是提升高校教育信息管理水平的关键所在。

（四）可塑性

高校信息化教育管理体系的繁杂与整体性导致其稳定性不足。该体系受多种因素影响，包含人力资源、物力资源、政策取向及社会经济发展进程等。教育信息化在高校中显示出较高的灵活可变性，如教师与学生的潜力开发，通过多元化途径，教师的教学技巧、学生的学习能力及师生对信息处理的熟练程度都有可能达到不同层次的增进。在信息化时代下，高校教育管理的可塑性特征越发凸显。

三、高校教育管理信息化的内容

（一）加强教育管理信息化顶层设计

"自上而下"的规划战略是立足宏观立场，专注于关键性难题，全方位协调各级各环节，汇聚关键资源，迅速而有效地攻克难题。其精髓在于让各层面和元素都围绕中心思想互相连接与运作。因此，高校要科学且合理地推进管理信息化的战略性规划，必须基于数字化治理的理念，从整体出发构建切实可行的信息化管理模式，妥善避开种种风险，以确保学校管理信息化工作的顺畅与健康增长。

（二）完善管理信息化体制机制

1. 统一建设的标准

实施教育领域的管理信息系统化是一个复杂的项目，其施行的蓝图是保证管理信息系统工作顺利推进的重要前提，并且作为此类系统构建的基准和导向。而形成统一的制定标准构成了实现系统整合与建立共享数据平台的根本，同时，满足了高校教育管理信息系统持续进步的必要条件。通过设立一致的信息规范、用户接口标准、运营维护标准、信息保障标准，能最大限度地促进数据的共享、确保系统后续的正常运作、提升服务品质及维护信息的安全性，有效地避免教育管理信息化进程中可能出现的问题。由此可见，高等教育机构制定一致的信息系统建设规范尤为重要。面对新建立的信息系统，无论是独立研发还是合作开发，高校都应当遵守信息化主管部门设立的规范，才能确保系统在硬件维护、软件更新、安全防护等方面的稳固运作，并确保数据信息的准确性与来源的一致性，进而避免数据信息的孤立。

2. 全覆盖、全周期的互动机制

通过构建管理信息化参与方的积极交流机制，能有效地界定各自职权、协调各利益主体的关系，并更好地融合信息化管理资源，这将推进国内高校治理效能的现代化进程。在推进信息化进程中，高等教育机构必须围绕用户的实际需求进行工作，强化互动交流，并持续优化信息化方案。

在高校教育管理数字化进程中，学生是核心的体验者及直接受益人，其意见和需求体现了数字化系统构建的成效。因此，各高校须进一步开放交流途径，革新学生的互动方式，营造条件促进学生融入管理数字化的发展过程。在项目筹备阶段，高校应通过发放调研问卷等手段，探询学生所思所想；在项目实施期间，应鼓励更多学生加入，通过实地走访等方法征集建议，抽选若干学生加入数字化建设的联络协作会，让他们担任项目的一部分工作；当项目进入测试阶段时，大规模地邀请学生体验并提供反馈，随后对系统进行及时的调整和优化。

此外，教职工对高校教育管理信息化的建设和发展也发挥着重要作用。因此，在建立高校教育信息管理系统的过程中，务必注重根据反馈及时更新、调整的环节，加强与教职工的交流互动，主动满足用户需求。

3. 科学、客观的评价考核机制

在推进高校信息化管理体系的构建时，若高校运用合理而公正的衡量体系，便能确切把握高校管理信息化进展的实际状态，并为接下来的发展规划提供坚实依据，从而推动高校管理信息化水平的优质提升。

（三）整合教育管理信息化资源

1.建设校级数据标准、数据字典

高校在教学、研究及行政管理诸多层面都需采集和处理信息，构建一套统一的数据管理标准，有助于向高校各部门永久性地开放数据，这不仅能保障数据的准确无误和唯一性，还能通过数据标准化实现院系间及与其他系统间的管理一体化作业，极大地提升办公效率，节能减耗，并实现系统间的数据共享。另外，利用数据中心对规范数据深度及多角度的分析，能对潜在变数进行科学的预测与评估，推进高校管理方式从消极的应变转向积极的主导控制，为高校制定决策提供科学依据。因此，高校应协调整合其教育管理信息系统，确保数据实现系统间的交流与共享。这涵盖规划所必需的硬件设施，结合已有资源建设校园数据中心；在硬件平台搭建完毕后，统筹规划数据库、数据接口等关键构件，确保数据在不同系统中能高效流转；最终界定信息化管理部门职责，该机构应当负责维护整个校区的信息管理系统，以学校定的数据标准为依据开发与维护管理信息系统，网络连接及数据在同步检验无误后方可启用。

2.梳理现有服务，进行流程再造

各高校需系统地审视并整理校园内现行的管理信息系统服务，深入掌握整个高校在管理信息化方面的进步情况，全方位规划管理程序，确保整体上实现最佳化运作。

高校教育应重塑管理的先进观念，做到宏观策划和科学布局，转变仅把信息化管理视为工具的旧有思维，应以提升服务对象的认可感为目标，贯彻落实人文关怀的教学理念。新式的公共管理理论指出，政府机构要以客户或市场需求为重心，视客户满意度为核心，以客户的期待作为行动的中心，朝着"倾向服务"的体制转型，致力提供更高效的公共服务，同时，将公众定位为服务的直接受惠者。基于这样的理念，高校信息化教育管理必须增强服务意识，把学生的实际需求置于中心位置，强化对这些需求的研究和调查，关注和优化学生的学习过程与体验。建立以成效评估为依据的满意度反馈系统，全方位地审视服务态度、业务能力、服务品质等关键要素。

（四）加强信息化安全管理

高校的网络信息安全关乎技术与管理等层面，是决定信息管理成功与否的关键因素。因此，高校在进行教育管理信息化时，必须加强网络信息安全管理。

首先，高校须实施对全部信息系统与网络平台的全流程封闭式监管，这一过程主要包括网络安全的接入审查、安全性评估、常规网络安全监控及每年的安全审查等环节，以此防止对关键环节忽视导致的网络信息安全事故。

其次，搭建合乎科学的监控防御体系。高校须承担网络信息保护的职责，更新网络信息安全的监控方法，并运用网络安全运营维护平台等手段，确保监控工作的即时性、透明度和效率，防止管理工作不善导致的网络信息安全事故。

最后，高等教育机构应依托多元化的教学方法，提升那些涉足网络系统运作的建设者在网络防御领域的技术能力，从而促进高校领导者、行政人员及广大师生在网络安全问题上达成新的共识："网络安全既是人民的保障，人民同时也支撑着网络安全的坚固屏障。"这一理念不但引发了互动参与共同护航的新风潮，也为网络信息保护的管理事业打下了稳固根基。

随着综合高校信息管理体系逐渐深化，相应的网站与信息平台数量日益增多，由此带来的网络安全风险也不断升级。面对错综复杂的网络安全局势，高校需要实施精准的安全审查措施，尤其是对早期建立的网站和信息系统进行细致排查。此外，应加强系统间的灾难恢复备份工作，在数据、应用程序和业务运作方面构建多元化的灾备解决方案，利用远程镜像、快速还原技术和备份服务器等手段有效存储备份数据，尽量减少网络安全事件对高校资源造成的影响和损害。

根据上文分析可知，高校网络信息的安保工作是一项持久而复杂的任务。考虑到病毒和木马软件频繁出现且不断变异的特性，高校需要不断完善其网络防护体系。重要的是，高校的每个成员都必须提升对网络安全的认知水平，努力形成一致的防护意识。此外，通过革新监管手段，高效地对安全治理进行监督，执行从始至终的闭环管理策略，并对关键部分和系统进行分类及有针对性的监管，构建相互携手共同维护网络安全的新格局。

（五）加强信息化队伍建设

高校信息化教育管理团队承担着制定校园教育管理信息系统的战略布局、构建并执行系统框架，以及系统维护和管理等各项重要任务，其思路和操作方式对高校管理信息化的发展成效与质量标准产生直接影响。

1. 明确管理信息化队伍定位

目前，不少高校的信息部门依旧从事着基础层面的运维任务，其定位较为低端，妨碍了信息化管理人员的持续性成长，并且阻碍了信息化部门综合协调能力和先导作用的发挥。为此，应明晰管理机构在高校信息化建设中的指导性地位，推动首席信息官（Chief Information Officer，CIO）体制的实施，整合高校信息化工作的管理。

2. 创新用人模式

尽管高校内部针对教育管理信息系统的谋划、布局与落实工作已有人员负责，但仍需专业团队维护和管理这些教育管理信息系统的软件及硬件设施。为此，高校应当招揽更多信息化管理专才，强化专业队伍的组建。另外，高校应着力探索人才聘用新机制，实践结合全职与兼职的用工模式，并通过外包服务等手段吸取社会力量参与管理，以达到教育管理信息化的多元化和均衡发展。

3.完善分类评价考核体系

对管理信息化的专业人员评估系统，需深入考虑各岗位的具体要求，并构建一个包括顾客满意度、工作成果、技能水平等衡量标准的评价框架，将评估方式从主观评价和固定模式转变为客观量化与持续更新的过程，以此促进管理信息化团队内部的积极竞争，使其更有效地提供高质量服务，增强其对高校管理工作的促进作用。

4.推进薪酬制度改革

当前，我国在各地区纷纷推行了吸引人才的政策福利，促使人才竞争日趋激烈，尤其是既通晓管理又精通技术的管理信息化人才成为市场的宠儿。因此，高校若想保留及引进更多的高层次人才，则必须创新薪酬体系并提出新颖的人才激励方案。此外，高校应当为这些专业技术人员提供相宜的薪资福利，以便吸引集管理与技术于一体的复合型人才。

第二节　高校教育管理信息化建设

一、高校教育管理信息化建设基础

高校在教育与行政管理上推行信息技术化改革，即借助网络技术及数据资源的紧密结合，使日常教学管理活动将数据化整合与实践运用相结合，以数据作为引导力量，对全部管理流程实施周密的监控与治理，确保管理任务依托信息化技术进行，数据分析精确、高效。

（一）构建学以致用信息化教学模式

对高校的教师和管理人员来说，在数字时代背景下，教学活动就是建立教育信息化管理系统的过程。这个过程的目的是充分发挥大数据的作用，高效满足社会发展的新需求，不断发展科技，改良传统教育管理模式，并增强信息技术在教学中的使用效果。比如，在专业课程的教授阶段，教师为了使课程结构更符合科学性与适应性的要求，必须深入了解相关专业领域的行业特点。教师通过网络搜集海量的行业信息，对这些信息进行细致整理与分析，从而准确掌握该领域对人才的预期与技能需求。然后，根据数据分析结果，调整专业课程设置，确保教学内容与行业需求密切相关。同时，通过在线平台的辅助，及时了解行业最新动态，根据数据的指引，预测行业未来的发展方向，并据此有针对性地调整教学计划。在重视大学生个性化学习需求的前提下，旨在帮助学生全面掌握专业知识，加强职业技能的培训工作，并且注重理论与实践相结合，推进应用型教学的实施。比如，教师可以指引学生利用网络资源筛选意向企业并全面多维地解读相关数据信息。在收集整理多家杰出企业运作数据信息后，进行比较研究，辨认规律，并结合既有的学术知识，深入分析目标企业经营上的不足之处，运用专业知识，就企业产品的生产、供应链及市场销售等关键环节，提出实质性的学术改良方案与见解。此举意在激发学生的创新思维潜能，激励他们将理论知识与实际操作紧密结合，借助大数据分析的学习过程，不断精进个人的专业技术水平。

（二）科学完善教育资源数据库信息系统

构建高校教育资源数据库对实现教育管理信息系统的现代化至关重要。利用智能化手段充实数据库资源，能有效支撑起全面教育管理信息系统的构建和运行。高校教育资源信息系统化涉及的主体内容分为以下两大板块。

1. 确保数据库的知识获取功能

各大高校能利用网络平台与科研单位、各类学府建立联系，创建教学资源的互助共享系统。它们可以通过收集、吸收及共享多种途径扩充教育资源，并将获得的资料归档于特定的数据仓库。在资源渠道变得更宽广后，应广泛征集课程资源，同时，对聚集来的教育资料进行筛选。为了确保数据库资源的质量和实效性，教育管理机构应当激励教师主动投身高校教育资源的建设，如在学校网站上传自创的教案、研究成果等。教育管理部门可从中选出优质的教学内容，纳入校方的数据存储系统，以此丰富校园的教育资源库。

2.进行数据信息科学分类

在高校教育管理体系下，数据信息科学分类的目的在于协助师生或其他相关人员能轻松、迅速地访问数据库中的资源信息，因此在构建教学资源数据库信息系统时，技术工作人员须重视对汇集资源信息的科学配置和条理分类，并在进行分类时坚持科学性与易用性的标准。

（三）强化网络教育平台建设

在数字化时代背景下，网络教育平台成为高校教育信息化管理的关键工具，以及变革传统教育模式的核心途径。鉴于此，高校从业者应当给予网络教育平台建设以充分的关注，并全面掌握大数据相关知识，认识到大数据在工作中的重要作用，保障未来工作的有效性与科学性。在推进网络教育平台的构建过程中，首先需要确保网络基础设施的完备性、平台功能的完善性，主要包括以下两方面内容。一是网络授课功能的凸显。构建网络教育平台的核心目标是服务高校的课程教学，故强化教学功能势在必行。高校应利用建设好的平台，组织资深教师定期开设在线课程，学生通过专属账户登录学习所需专业课程。同时，学校应根据学生兴趣和时间安排，开设如特色案例分析、实操模拟等特色网络课程，发挥网络课堂的创新应用潜能。二是信息互动交流功能的强化。依托网络平台，实现教师与学生即时的在线交流，通过互动探讨各学术课题。互联网的信息交流平台也便于学生将学习上的问题快捷地反馈给教师，同时，引导学生在特定课题上积极发言，以提升探讨过程中的课程学习成效。高校须增强对在线教育平台运营的监管，如委派专业技术人员持续对该平台实施检测与保养，更新必要的软件程序，弥补系统缺陷，以保障在线教育平台的效能与稳定性，最大化发挥其教育应用的潜能。

二、高校学生管理信息化的建设

（一）创新管理手段

高等教育机构须跟进时代步伐，其治理策略也须逐步提升。依照各自学院的发展需求，采用与高校治理相融合的软件工具，并且在对学生的信息化管理操作中，由内部网络扩展至开放性网络体系，把原有的口述及纸本文件通报模式变为采用信息技术的传播手段，目的是更透彻地掌握学生动态，推动学院学生管理质量的进阶。同时，创新治理方法有助于教育管理决策的人本化、透明化及民主化。此外，学生可以通过信息化管理系统为高校的管理建言献策。

（二）加强校园安全创新管理

进行高校学生监管数字化创新的目的是构建信息安防体系。针对此目标，高校须依循数个核心策略展开管理：首先，迅速融合尖端安全技术，利用网络安全防护墙、侵入检测机制及诸多硬件工具升级数据保护层级；其次，在信息系统的权限配置方面加强管控，根据不同管理级别设定专属账户，各管理人员拥有独特账号且仅供个人使用，严禁账号信息外泄或相互借用；最后，出台清晰的校园学生信息管理系统操作规范，对那些管理人员疏漏导致学生资料外泄等问题进行严肃处理，以保障学生信息管理系统的绝对安全。

（三）重视通过信息技术革新强化研究与开发团队的组建工作

首先，高校应当建立对信息技术创新专业管理的研究开发机构，并对信息化管理团队实施专职化培养，侧重培育他们在信息技术创新管理领域的运用技能，让管理团队能以专家的视角审视问题，进而提升团队在整个信息技术创新管理研究开发方面的能力；其次，高校须重视引进信息化创新领域的人才，并借鉴国际及国内在该领域的研究，持"取长补短"的理念，助力高校的信息化创新进程；最后，高校需要建立一套有效的业绩评估体制，以提高工作人员的工作热情。

（四）提高信息化创新管理意识

高校须进一步增强学生信息技术革新管控的认知，深刻认识实施数字化管理的紧迫性。一方面，高校的管理者需以人为本、整体成长的思想，依据校情拟定一份贴合本校要求的数字化创新方略，持续改革教育管理的思维模式，用宏观的视角审视课题，促进校内资源合理分配，充分激发学生信息管理的潜力；另一方面，校方领航者必须具有协作精神，要能与师生、行政管理层有效对话，这样才能更深入地掌握信息技术发展的态势，并对症下药地处理存在的问题。

三、高校教育管理信息系统的建设

（一）教育信息化 4.0 下的教育管理信息系统

1. "互联网＋教育"大平台的建设

在执行教育数字化升级计划期间，积极推动"互联网＋教育"成为尤为重要的一环。这对塑造一个互联相通、数字驱动、智慧导向、因材施教和终身学习的体系至关重要，它对于建立一个人人可学习、处处可持续学习、时时可获取知识的社会具有划时代意义，目的是实现更广泛、更符合实际、更人性化、更平等、更可持续发展的教育愿景。构建"互联网＋教育"的宏大网络平台，为"互联网＋教育"的积极展开奠定了坚实基础，有助于数字教育资源普及，推进标准化数字校园运营，增加在线学习机会，推进网络教育支持方案，以及在智慧教育方面进行创新发展。

2. 移动教育管理信息系统的开发和推广发展

随着移动网络技术的持续普及和提升，人们在智能设备上进行的学习教育活动日益重要，逐渐融入日常教学和学习。由于其操作方便、反应迅捷，以及教学资源的丰富充实与多元化，人们已经习惯借助手机搜集资讯和掌握新技能。移动性远程教学正成为现代教育技术变革的关键趋势，预示着未来教育模式的潮流。因此，在教育技术化进程中，必须包含教育的移动化转型及移动教育应用的构建与扩散。教育管理信息系统的建设和升级必须顺应这一潮流，将移动教育管理信息系统的开发和应用视为不可或缺的组成部分。

在当今社会，随着移动通信设备的普及与渗透，无论是校园内的师资团队还是广泛的学术研究人员，均迫切期盼移动学习平台的开发与部署。更具体地说，移动端教育管理信息系统的普及在诸多教育机构和地方教育管理部门的课堂管理、信息交换及沟通效率提升方面发挥着巨大的促进作用。随着移动网络设备的普及，我们迎来了一个方便联网的新纪元，我国的教育机构尤其需要关注并推动移动教育管理信息系统和相关网络教育平台的开发与应用。这种做法不仅可以将教育推向一个全新的移动化时代，而且将加速远程教育和移动学习的快速发展与普及，在提升我国教育信息化整体水平的同时加快教育现代化的步伐。

（二）优化完善教育信息管理的功能系统

教育行业的信息管理系统涵盖与高校教育相关的各种信息系统，众多系统已被构建并投入使用。比如，学生档案管理、教师及员工档案管理、学校综合运营管理、学籍档案管理、图书内容管理、直属高校的基础设施信息管理、海外留学生档案管理等系统均属于此范畴。此外，还存在一些针对教育信息功能而开发的应用型系统，如教育数据统计系统、学生经济援助管理系统、辅助教育决策的支持系统、教育计划及发展系统等信息管理系统。

随着国家级教育管理信息化系统的逐步上线运作及地方级数据中心的逐步启用，与教育信息化进程息息相关的各项数据正日益汇聚。这一现象对数据处理的广泛性及安保性提出了极高的要求。我们面临的挑战包括确保数据完好无损、保障数据使用的安全性，以及提升数据管理与分析的实效性。教育信息化涉及的数据管理系统因而也需满足更严格的标准。另外，由于教育数据的不断累积与社会教育需求的持续增长，将教育数据运用于推进教育甚至其他相关领域的发展变得极为关键。政府、教育机构及社会各界亟须构建包含教育信息采集和处理功能的综合教育管理系统，以更好地服务广大民众。

随着教育信息技术的深入推进，我们需致力提升教育管理信息系统的完整性，同时，持续规划拓展更多教育信息系统，以及与教育相关的应用型系统的构建与进化。目前，尽管教育管理信息系统的功能性和完备性正在逐步增强，但仍较薄弱，很多潜在功能尚待开发实现，对数据的搜集与处理需要进一步强化，教育信息的全面运用尚未达成，且教育资源数据库的网络互通和综合整合亟须优化。

1. 资金管理

教育信息化的进程需要系统架构、数据库、硬件等基础配套的持续发展和提升，这一过程依赖大规模的财力和人力支持。其中，资金至关重要，它是构筑教育信息技术团队的坚强后盾，并且对推动教育管理信息化系统的快速建设与优化，促进教育现代化步伐，具有非常显著的推动效果。然而，因缺少对地方实际需求的专业分析，在教育信息化结构上的投资不够科学，主要问题体现在对网络和硬件等基础建设的投入偏多，而在管理软件开发和更新方面的经费较匮乏。因此，持续的资本注入与其高效的管理和使用，是教育管理信息化系统构建中必须着重考虑并解决的关键问题。

2. 管理体制

我国的教育信息化进程对于教育领域现代化至关重要。然而，教育信息化工作在推广教育管理信息系统的实践中暴露一些明显的弊端。比如，系统种类繁杂且功能参差，缺乏足够的适应性和可扩展性，并且亟须一套完备的在线信息交换标准。此外，关于教育管理的信息化标准尚欠缺一致性和规范性，细节不够完善。尽管随着教育信息化水准的提升，政府及社会已开始关注并推广标准化，如引入平台与媒体标准、学习资源打包标准、互操作性测试标准等，用以实现系统界面统一和资源标准化打包，但标准体系的建设还不够稳固，在地域间和校际的实施并不到位，造成了教育信息系统在全国范围内缺乏一致性规范和发展热忧。这导致了"信息孤岛"现象、资源的重复投入和交换上的障碍，以及系统水平不均衡和功能不完善，以致部分系统操作困难，难以实际投入使用。

进一步而言，教育数字化的组织构架是推动地方教育机关与校园数字化进程并确保其实施的根本支撑。尽管如此，现状显示出教育数字化的管理架构尚不明晰，缺少一致性的组织架构，管理功能欠缺健全性，地方教育管理部门与高校之间在教育管理数字系统的建设上出现了协同不足的问题。

此外，当地教育信息化的管理架构并不完备，管理部门协调能力不足，配合流程也不畅顺，使教育信息化的整体布局和发展缺乏有效规划，难以支持并调和不同职能部门对教育信息化建设的需求，进而影响了建设模式和发展步调的一致性。还有些地方的教育管理机构没有成立相应的教育信息化管理部门，这一点极大阻碍了教育信息化的推进步伐，并对教育管理信息系统的构建与优化造成了负面效应。

教育管理部门和高校对于信息系统的构建需求存在显著不同：教育管理部门着重策划及执行教育政策，并对区域内的教育管理机构与高校进行监督；相对而言，高校则专注内部教学活动及日常事务的管理。虽然这两者都身处教育系统，服务内容也有交集，但面向的对象迥异。此外，教育管理部门的信息系统往往是依据业务需求分散而独立构建的，而高校倾向于打造一个集成化的共享教育资料与资源的信息管理平台。这对于教育数字化和教育管理信息系统的建设治理结构，提出了较高层次的要求。

教育管理信息化系统尚存在不少短板，系统运行稳定性有待增强，提供的服务内容尚显不足，系统软件更新迟滞，数据处理及安全防护措施也亟须优化。教育信息化体系的安全、稳定及更新服务的品质和数据处理能力，大多依托政府教育部门和高校建立的长期稳定的维护体制。当前，不少地方教育机构和高校的信息系统由于较早建成并缺乏及时更新，面临不能满足信息互通、教学资源共享和校园日常管理等需求的局面，对于适应政府对教育管理需要也显示出不足。同时，系统的更新迭代和运行维护因经费与专业人力的缺乏而无法执行。数据信息的搜集与处理需要专业人员执行，而处理庞大数据量需要数据库系统管理和操作。教育信息量的增长，对数据库系统的管理与维护提出了更高标准。此外，数据整合共享、系统定期更新、移动端信息系统升级等任务的进行，同样需要一个健全的教育信息管理系统运维体系，以确保健康运作和有效的技术支援。

教育管理信息系统尚未完全实现高度数字化，其网络信息技术的应用范围和层次都有待提升。如今，数字校园、电子版教科书及移动学习等创新型教学模式日益普及，大数据分析、物联网技术和云技术在多个领域得到了广泛应用。然而，教育领域的数字化进程仍未能与时俱进，很多高校及区域未能充分利用信息技术加强其教育管理，导致管理效能与服务水平均显低效，且管理手段相对过时。

随着我国教育数字化水平的提升，地方及高校的教育管理部门相继搭建了各自的教育管理数据平台，然而，这些建设在系统架构、管理维护和规划布局上仍参差不齐，缺乏一致性的建设及发展框架与规范，管理机制也不完善，维护和运行支撑体系尚未健全，普遍的信息化层次未达到理想状态。这导致数据系统中资源和服务的不全面，给用户的体验及管理人员的操作方面带来了不少问题。

3.队伍建设和管理

教育信息化管理系统依赖的专业团队一般包含从事信息技术基建与日常运行维护工作的技术人员、行政管理者、规划制定者，以及日常里处理应用问题和维护硬件资源的人员等。在推进教育现代化的征途上，步履不停地培养与打造一个具备高专业水准、素质优良、工作高效的教育信息化专业团队，是强化教育信息管理系统建造与优化的坚实后盾。因此，教育信息化专业团队的构建，是教育信息化建设工作的首位任务。然而，在现实操作层面，随着教育信息化进程的不断推进，教育信息管理系统的搭建与完善在信息化专业团队构建的道路上遭遇重重障碍。

第三节　高校教育管理信息化改革路径

一、加强教育管理信息化顶层设计

最高层次规划，也称"自高向低的规划途径"，是立足宏观视野，聚焦关键性难题，全面协调不同层面、多种因素，整合必要资源，以迅捷而有效的手段解决问题。这种方法的精髓在于保证众多层面和要素都围绕主导思想相互配合、协同作业。

当前，大部分高校虽然拟定了信息化教学管理的蓝图，但因受多种要素制约，缺少系统性与远见，这常见于数据标准不一致导致整合困难、部门间平台重复构建、忽视高校未来发展需求导致的系统开发缺陷等一系列问题，这些都使其难以有效推动高校管理信息系统的总体进步。因此，为做到合理且科学的管理信息系统顶层架构设计，必须充分借鉴数字治理的理念，全面考虑涉及人员观念、操作流程、构建规范、成长阶段、实际需求等方面的因素，有效预防各类潜在风险，并确保高等教育管理信息化按照有序和健康的轨道前行。

（一）规划信息技术在教育管理中发展的战略蓝图

高校应当在现状与未来的条件中实施其战略目标，关键在于合理制定高校教育信息化管理的发展战略，并强化顶层设计工作，规划高校信息技术发展蓝图。大规模信息化对全体高校成员来说是共享的愿景，这就需要高校的领导层在拟定信息化战略时开放思维并通力合作，恪守可持续性原则，并以战略性的视角进行前瞻性规划。目前，众多高校对于智能化校园构建已经展现浓厚的兴趣。打造智慧型校园即构建一个"高效能、节能型、智能化"的环保型校园，这同样要求在建设初期就细致考虑全局，以及各项要素的精准设计与布局，如平台建设、资源配置、利益均衡、结构调整、评估机制等。此外，须激励全体成员积极参与，实现深度技术融合，呈现信息化时代的人文关怀，在提高管理效能的同时增进教育质量。

（二）加强教育管理信息化组织领导

在提升高校教育管理的信息技术化过程中，必须由专业的信息管理部门主导此事务。各高等教育机构应当密切与国家及政府机关的合作，共同研讨 CIO 的职能实施方式。在搭建全面策划信息技术体系的同时，应动员所有高校与部门积极参与，并在其中创设专业信息技术职位，确保信息化流程融入高校的各基础单位。调研结果显示，CIO 通常由副校长或信息技术部门的负责人担任，有些高校则由教务长或校长亲自担纲。然而，无论是全职还是兼职的 CIO，各高校都应结合自己的实际状况，让他们在制定战略规划和做出关键决策上发挥领导作用，以此显著提高高校管理信息化的水平。一个负责的 CIO 不仅要具备信息系统规划和改进的领导才能，还要保持积极的工作态度，保证信息化相关政策和实施计划、建议的有效传达。此外，顶层设计的策略并不是一成不变的，考虑到社会本质上是不断变化的，CIO 需具备充足的创新意识，适应时代发展的需求，主动引领技术与应用层面的革新。

（三）明确教育管理信息化发展架构

高校在推进教育管理数字化进程中须建立一套明确的系统框架，

确保在数据搜集、操控、应用及保养等各阶段实现紧密衔接与顺畅运作，以此推动高校数字化建设的长期稳定发展。各高校可借鉴国外先进的教育管理数字化建设经验，规划出既符合自我定位又贴合发展现实的系统规划。要以业务需求和实际问题为指引，均衡发展系统的建立与日常运维，设立明确的数字化教育管理发展战略目标，考虑到全体高校成员的利益，增进实施计划的科学性与实操性，确保建设成果的最优化。

二、完善教育管理信息化体制机制

（一）统一标准、统一规划的建设机制

教育行政信息数字化转型需进行全面的系统工作，其结构安排是实施此项工作的关键前置条件，并作为数字化转型实施的基准和导向文件。进一步地，统一的构建标准成为系统整合及建立共用数据平台的根本，也是高校行政信息数字化长期演进的核心需求。统一且规范的信息准则、使用者准则、操作维护服务准则及信息安全准则，可极力推进数据的互联共享，确保系统日后的维护运作、提升服务水平、加固信息安全，并有效预防信息数字化进程中可能出现的种种不良现象。目前，多数高校已经确立了一致的构建标准，并就行政信息数字化的部门协同全校范围内的工作、负责全面信息数字化规划达成共同理念。但在高校教育行政信息数字化的具体实施中常见如系统数据准则不一致、资源重复投入建设等问题。究其原因，一方面，信息数字化构建标准晚于系统实施时间，导致早期系统受限于正在使用的业务流程或合同条款难以做出统一标准的调整；另一方面，由于高校通常直接采购系统，系统数据准则与学校构建标准差异较大，进行修改需要耗费大量的时日、人力与资源。然而，在整合系统集成方面，若同样的标准与规划不被有效落实，则将直接影响到数据共享的进展与质量，进而影响高校的高品质内涵发展，甚至制约高校治理能力的

现代化进程。

鉴于前述的分析结果，亟须制定并实施统一标准、统一规划的建设机制。各新设立的信息系统，无论何种合作模式搭建，均应恪守信息技术部门制定的相关规定。唯有如此，才能确保系统在硬件维护、软件管理和防护安全等关键方面的稳健运作，确保数据来源的单一性与准确性，从而避免形成"数据孤岛"。

（二）全覆盖、全周期的互动机制

在高校治理能力建设中，若各利益主体能建立和谐互动的桥梁，就能有效平衡各方的权益，进而高效地整合信息化管理资源，从而推动我国高校的治理水平向现代化迈进。在构建信息化体系的过程中，应持续锚定使用者的真实需求，以便在实施中不断优化改善方案。当前，有诸多高校的信息系统虽已部署，但实际应用率不到理想的三成，究其原因，是缺乏有效的用户交互架构和使用者的对话机制不顺畅，仅仅基于内部的业务流程进行系统开发。因此，亟须构建全覆盖、全周期的互动机制，以便接纳更多使用者的见解。学生作为信息化管理的关键参与方及最终使用群体，他们的观点和需求对系统构建具有直接影响。因而，需要打通与学生交流的渠道，创新参与模式，以营造学生参与信息化建设的良好环境。在项目启动之初，应通过问卷调查的形式了解学生需求，进而把握其想法与忧虑；在项目实施过程中，应鼓励更多学生参与，可通过实地访谈等手段获取他们的建议，随机选取部分学生参与项目协调的会议，并让他们承担一些职责；在进入项目的测试阶段后，应广泛邀请学生试用，并根据他们的反馈及时做出调整。

教育行政信息化工具获得的教师认可度普遍偏低，这主要归咎于系统回应改进建议的速度缓慢、操作界面烦琐及缺乏相应的产品操作培训。未来，在教育信息化系统的发展过程中，需要重视对用户反馈的迅速修正，增进与使用者的沟通。

（三）科学、公正的评价考核机制

通过实施科学且公正的评估体系，在教育领域信息化建设的进程中，精确获取高校信息化管理的发展状况，进而为未来的建设策略制定提供可靠依据，推动高校管理信息化向高质量发展。

目前，我国尚未形成一套整合的信息化测评标准框架，目前所用框架的引导性、激励性及变化性不够强，常常出现负责信息化的部门既担任开发者又兼任评审者的情况。因此，需要通过改进信息化测评标准、加入更多样化的评估参与者等措施，建立科学、公正的评价考核体制。

（四）实时、透明的监督机制

信息化管理的监察体系即指所有相关方对该领域的运作及职员的举动执行监测、评估和优化的一连串活动，其重点在于确保监督活动的公正无偏与即时精准性。目前，国内高等教育机构在监察方面普遍面临信息资源缺乏、工作效能较低与监管成效不尽如人意等窘境。因此，有必要借助大数据等前沿科技，改进为时间、空间及人力束缚所限的传统监管模式，打造实时、透明的监督机制。

利用先进的大数据分析技术构建网上监控系统，从而有效降低监管成本、拓展监管范围及简化监管流程。该策略加强了监督人员与受监督者的互联互通，显著提高了问题解决的速度和效率。

（五）高效、及时的运维管理机制

当前，我国的教育管理信息化进程已经步入关键阶段。高校在硬件设施、信息化系统和数据规模等方面不断扩展，这也带来了日益复杂的运营维护问题。尽管如此，我国高校在运维团队的培养与评价、运营维护的执行程序及评价标准等方面仍显不足，无法充分胜任信息化管理的运维任务。鉴于此，亟须构建高效、及时的运维管理机制，以提升运维工作的效率与品质，确保师生的服务体验得到有效保障。

各高等教育机构应构建起一套效能显著的维护与管理体系，清晰地界定其监管的范围和事项，并实时跟踪监测各项设备的运作状况；依据问题的严重性和紧迫性执行层级划分式管理，并确立相匹配的反应时限与紧急处置方案；编制一本维护管理指南书，借助规范化与制度化的操作流程有效地提升管理质量；强化维护团队的建设工作，通过学习培养、自我教育、科学研究等手段增进技术能力；明确各自管理的职责分工，以规避推脱责任等工作障碍。

面对学生关于反应速度缓慢、维修效率不足的反馈，校方需要主动与学生建立更好的交流和互动机制，迅速查找并明确问题发生的根本原因，并构建一套问题应对和反馈流程，从而提升学生的服务体验。面对教师关于运行维护团队虽然响应迅速但解决问题能力不强的反馈，校方应当提升校内员工的专业技术能力，并发展、优化故障数据库，积累运行维护的专业知识，以期有效缩短处理问题所需的时间。

三、整合教育管理信息化资源

（一）建设校级数据字典与数据标准

高校在教育教学、学术研究和行政管理等领域均须进行数据搜集与分析作业。目前，多数高校尚未形成完善的校级数据字典与数据标准体系。数据要素往往在互不相连的不同系统中被重复录入，这直接引发了数据内容的冗余及不精确问题。因此，在进行数据交流时，需要投入大量人工与物力开展数据的核实工作。

建立校级数据字典确保了一次性搜集的数据能被高校中所有系统共享，并且保障了数据的精确度和独一无二性。此外，统一的数据标准使不同系统和部门能实现集中式管理，显著增强了工作效能，节省了多种资源，并推动了系统间的信息共享。数据中心能对数据字典内的数据进行深入和多角度的挖掘与处理，对未曾预见的情况进行科学的预估和评估，将管理模式从消极转为积极，从而为高校的管理人员提供科学决策的辅助。

因此，高校需要调配全院的管理信息系统整合及数据相互交流与共享。首先，应当围绕信息系统管理所必需的硬件资源做出规划，融合既有资源，打造高校级别的数据中心。其次，在硬件资源建设完善的基础上，要对不同管理信息系统中的数据库、数据接口、中间件等核心部分进行集中监管。最后，界定信息化管理部门的角色与责任，指派该部门负责全院管理信息系统的构建工作。未来在制定并开发新的管理信息系统时，必须由信息化管理部门统一协调，按照校园数据准则进行构建，并且在系统连接及数据同步测试无误后才能投入使用。

（二）梳理现有服务，进行流程再造

彻底审视并整顿校内现行的信息化管理服务体系，统筹考虑高校信息化管理的进展状况，对管理作业流程进行周密规划，以期达到整体优化的效果。重构工作将围绕管理思维、服务观念、组织架构建设等维度展开。

必须重新构建管理哲学，着眼大局，进行合理策划，改变仅仅把信息化管理当作工具的旧有观念。应聚焦于增进用户的满足感，践行真实的"人本教育"原则。以用户需求为核心，所有管理活动紧密围绕提升用户满意度进行，致力提供高效率的公共服务。在此基础上，高校的信息化管理必须强化服务意识，不断强化需求调查，注重提升用户体验。构建以成效为导向的满意度反馈体系，多维度评估服务态度、专业能力、服务品质等。

四、加强教育管理信息化安全管理

高校网络信息安全关乎技术、管理等层面的难题，这些难题是掌控信息化成效的关键。在网络安全技术持续发展的同时，网络安全管理的挑战日益明显。

当前，在我国高校的网络信息系统、信息安全领域，主要存在如下四个问题：一是安全管理框架与体制尚不健全，高校的管理与安全构架未能全面涵盖信息化管理整个流程，规章体系存在欠缺；二是多方协作的管理信息化机制未能建立，参与各方的积极性不够，未能达成共识；三是缺乏高效的管理与监督机构，对于信息化管理中的安全职责分配含混不清，监管力度不足；四是高校管理信息化相关工作人员对于网络信息安全的重视程度不够。

对此，可以参考以下几点改革措施。首先，对所有信息系统及网站实行全周期管理，此流程涵盖网络安全的准入检验、危害评定、例行安防跟踪及年度核查等重要环节，以防关键操作遗漏诱发网络风险事件。其次，构建理性的安全管控及防护体系，增强网络安全的责任机制，革新监管手段，利用网络安全管理平台等工具，保障监管效率、公开透明及成效，避免管理不善造成安全缺口。最后，加强对网络安全的教育与训练。通过多样化的培训方式，增强高校管理人员在信息化建设中的网络防御意识，提升高校管理人员的网络防御技能，促使管理层、师资和学生等明确支持"网络安全靠全民共筑，并以民众为本"的观点，协同营造共治共享的优良网络环境，为网络安全管理奠定坚实基础。

各大高校不断加强信息管理体系的建设，校内的网站和信息化系统数量不断攀升，网络安全风险也随即升级。面对当前复杂多变的网络信息安全局势，高校需加强全面而专项的安全审查，尤其要关注那些建立较早、可能存在漏洞的网站和系统，并及时对其进行修复。此外，应当细致执行各信息系统的灾难恢复备份措施，为数据、应用和服务流程配备多样化的灾备方案，运用远程镜像、快照技术或集成备份设备等手段有效进行数据备份，从而最大限度地减少网络安全事件对高校造成的潜在损害。

依据先前的评析，不难发现，高校的网络信息安全防护是一项持续推进的综合工作。由于病毒和木马具有广泛流行与变异的特点，各高等教育机构需不断提升其网络安全的防护措施。必须加强校园内所有成员对网络安全的认知，创新监督手段以确保安全管理有效运行，执行整个流程的封闭式管理和分级管理，并针对关键节点和核心系统采取专门的监控措施，方能共同治理并防御网络威胁。

五、优化组织结构

在当下强调效益与竞争的时代，信息化管理扮演着重要角色，它不仅提升了工作效率，还增强了管理效能，并且支持了决策制定。此外，教育管理向信息化转型恰好符合我国推动顶尖高校和学科建设的策略，摒弃了终身职位体系，鼓励竞争意识，重视成果表现，这一进程也是新公共管理思想在高等教育领域的具体体现。

我国高等教育管理机构的构架并不十分合理且欠缺规范性，这一情况直接或者间接地制约了管理层面信息化工作的推进。因此，须致力整合信息技术部门，增强其在统筹及影响层面的能力，通过简化管理层级突破传统官僚体系对信息化教育管理前行的阻力，打造以数字化为基础设施的在线高校平台。

（一）整合信息化相关部门

数字化管理单位在高等教育机构内部保障教务信息化的实施，而这些机构创新的核心便是组织结构的革新。那些注重教育数字化的高校根据不同管理职能的需求，建立了多个专门的信息化运营部门，如信息技术中心、计算机设备管理部、现代教育技术中心等，各自承担相应的信息化任务。然而，这些部门通常由不同的领导管理，使高校在教育管理数字化的战略规划和建设执行上存在"众口难调"的现象。当高校管理或服务出现问题时，教职员工往往难以确定具体归责的部门，导致多部门之间相互推诿，管理及服务品质难以提升。

对那些不够重视教育数字化的高校，信息化管理通常依赖各二级院系或部门，这限制了其组织协调的能力，使其难以担起推动高校范围内教育管理数字化进步的责任。因此，重视数字化管理的高校应当积极调整和重组信息化管理部门，充分发挥其在高校管理信息化领域的领导作用；而对信息化不够重视的高校更应当整合其信息化管理部门，提高这些部门的地位与影响力，共同努力，实现教育管理信息化的标准化和统一高效管理。

（二）打破科层制，实现扁平化管理

在信息科技飞速发展的浪潮下，高校在推动教育信息化过程中面临尖锐的考验。目前，各界最关注的焦点莫过于高校的变革与创新活动，其核心在于对内部组织架构进行更新。当前，社会上推崇的平行式组织架构正在全管领域里扮演着颠覆性角色。该管理模式通过简化层级、下放权力及分散决策这类措施，有效激发了高校基层管理人员的积极性，增强了其自我服务的意识，并促使组织朝服务导向型的敏捷结构转型。尽管垂直管理体系曾在一定程度上提升了高校管理的效率与稳定性，但随着高校事务的不断丰富和扩展，传统垂直体制下的多级传达导致信息失真的弊端日益显现。机构设置的层叠、职责的交错、命令系统的混乱及管理效能的低下等困境严重阻碍了高校在学术研究领域的发展和进步。

教育机构规模不断扩张使原有的层级式管理体系和清晰划分的职能力不从心。越来越多的教职员工及学生强烈呼吁管理方式的革新。因此，对组织结构进行革新迫在眉睫，探索一种能适应更大规模发展需求、提高教育质量的新型管理模式已经成为各高校重点关注和力求改善的方向。在调整组织体系时，注重其核心使命并打造竞争优势，是这些高校在组织结构革新过程中优先考量的重要因素。与传统组织结构相比，现代组织结构形态更加展现出平行化、分散化、虚拟化和边界模糊化的趋势，显示出更多的生机和动态灵活性。无疑，结构平化是这场组织结构改革的关键。在带来管理层面创新的同时，信息技术的应用为这种平化提供了技术保障，并且强调部门间的横向连接，旨在建立简便而有效的交流方式，这正符合以流程为本、追求结构简化和权力分散的平化管理特点。信息化的推行不仅提高了信息的流转效率和师生合作的默契，还在解决传统管理层级中信息失真问题上发挥了作用，为高校决策提供了坚实的组织支撑。

（三）构建"现实＋虚拟"的组织结构

构建数字版的高校典范，其理念是在有形的高校教育体系上，建立一个数字化的教育空间，努力推动线上和线下教育资源的融合统一，以实现教学活动和信息技术领域的深度融合与共同进步。创建一站式的线上和线下服务平台，全面响应各类教育活动需求，设立常态化的专责小组，这些小组的运作脱离了常规行政架构。比如，在执行高校新学期迎新相关工作时，将与学费缴纳、住宿安排、班级分配、校园一卡通管理等服务相关的负责人集结成一个专门工作组，以避免不同部门合作时可能出现的相互推诿现象。

六、加强信息化队伍建设

高校信息化管理团队承担着对教育管理信息系统的顶层设计、建设落实、维护管理等重要职责，其理念和实践直接决定了教育管理信息系统构建的质量与发展水平。现阶段，这一教育队伍存在界定模糊、人手不足、晋升困难、待遇不公等问题，这些问题极大影响了团队的工作积极性。鉴于此，应在思维方式、人事编制、人才招录及职业发展体制等方面进行革新，有针对性地解决行业固有思维与时代赋予任务之间存在的矛盾。

（一）明确教育管理信息化队伍定位

目前，不少高校的信息化机构仍在负责基础层面的维护任务，机构的地位较为边缘，众多规章制度难以贯彻。这种状况妨碍了信息化管理领域专业人才的持续进步，信息部门在整合资源和领导方面的能力未得到充分展现。鉴于此，必须明确教育管理信息化队伍定位，即管理团队在推动校园信息化进程中扮演着领航角色，着力实施CIO体制，全面协调和推进高校的信息化管理工作。

（二）创新用人模式

高校信息管理工作者除了需要策划、筹组和执行整个高校的信息管理工作外，还需要承担对信息系统设备及应用软件维护的职责。面对较广的服务领域及繁重的工作任务，必须招纳更多信息化管理专才，强化信息化管理队伍的建设工作。同时，应当创新用人模式，采取全职与兼职并行的方式，并通过合同外包等方式引入社会各界力量加入管理工作，从而确保高校管理信息化能达到多元化的治理效果。

（三）完善分类评价考核体系

近年来，国内陆续出台多项旨在改进高等教育领域专业技能评定标准的规章制度，坚持摒弃学历、工龄、职务头衔、论文发表及项目申报等传统评价依据。构建多元化的评价框架变得尤为关键，这已成为高校评审与监督体系的核心组成部分。在高校管理信息化领域，应完善分类评价考核体系，具体来讲，评价机制应细化到每个岗位的职责，并构建一个涵盖服务水平、实际效果和职业技术等评估维度的指标体系，推动评价方式由主观、静态的模式向客观、动态的模式转型。这种做法能有效激发管理信息化工作者之间的良性争执，更好地秉承卓越服务宗旨，并精准展示管理信息化工作者为高校治理带来的显著效益与价值。

（四）推进薪酬制度改革

目前，我国多地纷纷推出了面向人才的吸引政策，这使得人才争夺日益加剧，尤其是在管理与技术兼备的复合型管理信息化人才领域。相对而言，高校在人才引进方面多遵循统一标准的福利待遇，这与市场实际需求存在较大偏差。为了留住优秀人才并吸引更多人才的加盟，必须推进薪酬制度改革，包括对教职工薪资结构进行改进，并设计创新的人才激励制度；对专业技术人员提供更具吸引力的待遇，以促进更多管理和技术兼修的复合人才的聚集。

第三章　高校教育管理队伍建设

第一节　高校教育管理队伍概述

高校在对学生进行培养与指导时，拥有一支高素质教师团队不仅是其根本前提，本质上还是一次富有教育意义的品行塑造过程。这一过程集教育的伦理思想、社会责任、人文关怀和道德根基于一身，并面临实际教育过程中的限制和各种挑战，因此这方面的实践经验对提高高校学生教育管理工作至关重要。因此，不管是作为道德观念的表现，还是道德观念的传递载体，师资队伍的建立在提高大学生教育管理质量的道路上都发挥着无法代替的作用。

一、高校教育管理队伍建设的重要性

（一）构建一支素养卓越的教育管理团队是现代教育发展的必然需要

在推进高校教育与管理过程中，须着力宣传马克思主义核心观点、党的根本方略与要旨等知识，以辅助他们确立坚固的信仰与抱负。在宣传与教学活动中，要指引他们确立与中国特色社会主义相契合的共同信念。针对高校学生的教育管理应当不断增强，适当调解各种矛盾与难题，尤其对触及教育成员个体利益的冲突，必须慎之又慎地处理，确保高校内部和谐团结的氛围。

培养学生的爱国情操是教育与管理的关键环节。为此，须紧密

结合学生成群的思想品质和内心所需，深化以爱国为中心的民族精神涵养，如鼓励团结拼搏、追求和平、奋发有为与自我增强的精神。高校中的党与团组织需扮演引领角色，在教育与管理学生的过程中，依靠周全的策划与执行，全方位推进精神教育工作进程，巩固师生的政治认同。而对精神文明的塑造无疑是提升教育管理层次的有效途径，也是强化思想道德修养、提升群体政治素质的关键手段。

（二）建设一支高素质的学生教育管理队伍有利于把握学生教育管理的整体进程

鉴于社会正处在一个变革的阶段，多个因素不断地作用于高校教职员工和学生的思想更迭、心理变化及行动选择。总的来看，多数高校教师的精神面貌都是积极向上的，他们展现了不断提高的政治意识和较高的政治素养，有能力在不同社会团体中扮演领航员和榜样的角色，在复杂情境下坚持正向的政治理念和良好的思想品质。如果高校的教育和管理工作缺少教师高尚的道德标准做指引与范例，那么这些教育管理及相关活动将很可能被学生视为"表面功夫"。

基于这种情况，我们迫切需要全方位加强高校教师队伍建设，只有筑牢基础，才能净化育人源头，运用方法学视角解析提升高校管理教育水准的路径。换而言之，提高教师的综合素质涉及多个层面，如政治理念、道德行为、心理与身体健康，以及专业技术技能等，特别是道德行为训练方面尤为关键。道德教育本质上是一项包容性的工程，包括价值观的塑造、品德的陶冶和理想信念的建立等阶段。从系统论的角度来看，无论是高校管理教育还是教职员工道德建设，两者都是能独立运行并持续与外部环境进行信息、物质和能量交换的复杂系统，即教师道德形成和学生思想教育是互为影响的两套复合体系。总的来说，教师群体的整体素质相对优异，对教与学过程有深刻的理解和敏锐的洞见。同时，在构建教师道德的过程中积累的各种见解、方法和体会，能为高校学生教育管理提供有价值的参考与借鉴。因此，我们可以借助教师道德建设的视角深入分析复杂多变的高校学生教育管理任务，以开展一条更简便、高效的系统化道路提高高校教育管理的整体作用，为高校的教育管理事业提供新的思维创新。

构建一支素养过硬的校园教育辅导团队，是促进高校学生德育水平提升的根本举措。提高学生的道德修养能否达到预期目标，以及能否彰显其价值，关键依赖两大要素：其一，靠的是理论威力；其二，靠的是品德影响力。

二、高校教育管理队伍的构成

（一）专职辅导员

打造以辅导员与班主任为主干的专业化高校学生教育团队，奠定了落实高校育人职责的基石。这些教育工作者既担任学生的灵魂领路人和亲密同伴，又承担确保我国高等教育育人工作坚持马克思主义教育方向的义务，更肩负引导学生在未来职业和学术道路上坚守马克思主义方法论与辩证思维，并将其深入融合于实践中的重要任务。这一教育团队成员的责任范畴涉及学生生活的方方面面。他们肩负的任务包括塑造价值观念、培育道德品质、组织党建工作、营造优良学风、提供心灵疏导、制定职业规划、推动免学助学活动、管理学生宿舍，以及帮扶经济困难学生、组织社会实践和文化俱乐部建设等一系列与学生日常学习生活紧密相关的任务。因此，辅导员需要扮演学生成长向导、职业生涯咨询师、心理健康向导多重角色，既需要在政治立场和专业技能方面具备坚实的修养，也需要在遵循原则与灵活应对工作方法上体现可靠性。

1. 对政治素质的要求极为严格

担任辅导员岗位的核心素质是具备坚实的政治理论根基。任职辅导人员必须掌握坚定的政治理论知识，深刻理解并坚定信仰马克思列宁主义、毛泽东思想、邓小平理论、"三个代表"重要思想、科学发展观及习近平新时代中国特色社会主义思想，还需要贯彻党的二十大精神，这一切均是坚定理想信念、维护政治站位、确保政治方向不偏离的基础要求。

2. 对专业能力的追求

辅导员团队将从一个"注重实操"的团队演变为"研究与实践并重"的团队。要想在这一行业中成为佼佼者，辅导员必须拥有较高级别的政治素养，也需要透彻理解学生的思维状态和其发展的内在机制，以及他们成才的路径，扮演学生的心灵导师、职业规划顾问和日常生活的引路者等角色，给予学生关心与爱护，成为学生信赖的知心人。特别是在当下这个学生主体自我意识不断提升的时代，他们对当前时代背景下的政治、经济、科技和文化等领域都表现出浓厚的兴趣，辅导员需要与时俱进，掌握一定的教育和专业知识，这样才能达到职业的标准。辅导员在实际工作过程中，要注重方法和手段的选用，善于判别不同性质的问题和矛盾，保持敏锐的头脑，正确评估形势，预防细微之处可能出现的问题，确保学生思想能沿着正确的方向进步。

3. 严守纪律

要坚守政治纪律不松懈，首先，辅导员要深入把握党的政策和法律法规，在此基础上，高度重视法治，自觉以《中国共产党章程》作为言行的标尺；其次，辅导员应持有崇高的职业伦理感，拥有懂得如何把学生塑造成拥有"四有"素质的新时代青年这一教育意识；最后，辅导员要坚持工作纪律不懈怠，严于律己，充当党员教师的楷模，确保自身行为不偏离党的纪律轨道。

4. 风格端正

高校辅导员与学生的朝夕相处赋予了他们对学生心智健康有直接影响的能力。他们需要深入了解学生群体、推广民主精神、尊重并理解学生、满怀关爱之情，以及为学生提供到位的服务，这些都是辅导员需要打造的正面形象。辅导员的行为风格不仅反映了党的精神风貌，还展现了高校教师的教风，对学生产生极其重要的影响。鉴于此，身为尖兵的职业化辅导员团队必须彰显出端正的职业操守，特别是辅导员在塑造大学生思想方面扮演着至关重要的角色，辅导员自身品行直接决定了高等教育的关键成果。

（二）日常管理人员

高校培养学生成长的管理体系是一个复杂的整体，需要众多相关方协作组成一个具有持续专业运作能力的团队，在高等教育机构对学生进行教育与管理的过程中发挥着至关重要的作用。该团队经常采取学生事务领导小组的形式，包括负责学生工作的副校长或副书记，党委组织部、宣传部、学生部（办公室）和团委等部门的成员加入。各参与部门在培育和管理大学生的任务中各司其职，尽管职责侧重点不尽相同，但能发挥个体优势，集中力量，共同推动高校教育管理工作的协作开展。

综合各专门机构应在校党委的一元化领导与共同的任务目标指引下，调动自我专长，履行职责，如从组织策划、宣传动员、党的建设、团体培养及学生平日的管控多方面全面考虑，谋划并执行相关业务活动。要将这套系统的工作方法传递至院级党总支负责人、助手及辅导员等团队中，以便他们在各自的业务线中继续推动任务，保证秩序性的管理。同时，实现资源共享、同心协力。虽然职能机构各自承担着不同的工作范畴，但它们追求的终极目标是相同的。这些机构独木成林，相互交流信息，共同商议思想政治教育的执行计划，并在计划确立后各司其职，互相配合，以达到协力齐进的效果。

高校领导团队通过构筑网络化的管理架构，有效整合了分散的学生事务，进而创建了一个庞大且全方位覆盖学生事务的工作体系。作为一支专注于指导整个学生事务网络的系统化团队，它肩负的职责异常繁重。该团队是否具有深厚的政治理论修养和卓越的专业技能，将直接关系到学生事务全面推进的成效。同时，这对培育合格的社会主义接班人具有极其关键的战略意义。

（三）规划指导团队

高校管理战略咨询组织专注深入研究高校治理的基础理论，并预测其未来进展方向；该组织主要任务是设计并确立高校管理的基本方针，提供全面、适用且具针对性的建议，并为高校学生教育管理中出现的诸多难题提供解决策略；它在高校教育管理领域扮演了智囊团的角色。面对国际局势的迅速演变和国内大刀阔斧的体制改革，社会冲突不断凸显，民众思想也在快速变化，这一系列因素均给高校学生教育管理工作带来了空前的挑战。

在此背景下，组成团队的资深教育专家对高校学生教育管理的谋划格外重要。这样一支由经验丰富的专家组成的团队，能依据社会各方面不断变化的动态，为高校的学生教育管理提供战略性建议。团队成员可能来自不同的领域和渠道，包括党政机关工作人员、科研单位的学者专家、行业内资历深厚的专业人士，或是高校学生教育管理领域的专家。借助这支队伍的专业背景、行业知识、丰富经历和实践经验的叠加优势，他们可以从更宏观的视角、更高的思考层面、更长远的视野，以及更深入的思维层次预见和识别高校学生教育管理可能遇到的新挑战与新问题。面对新的社会思潮冲击和国际形势波动，高校学生教育的指导团队要能迅速、科学且高效地提供教育管理指导，规划并引领相关团队有效地应对各项挑战，确保无论在何种环境、面对何种复杂情况，高校学生教育管理工作都能保持灵活适应、有效运作。

（四）特聘兼职教育人员

中共中央宣传部和教育部颁发的《关于进一步加强高等学校学生形势与政策教育的通告》，在强化高校师资队伍建设方面，指出可邀请本地党政干部、著名商界人士及行业领军人物出任兼职讲师。这种做法对高校学生的教育管理和师资阵容是一种积极补充。特邀讲师以其独有的行业背景、丰富经历和杰出成就，为教学带来独特的魅力并增强说服力与影响力。

　　校领导须将对该团队的建设提升至关注焦点，深入发掘校友、退休人员、社会协作伙伴及杰出学生家庭的潜力，以真挚的教育热情招揽他们中的杰出人士加入高校学生事务管理团队。同时，要强化平时的交流与对话，着眼学生管理任务实际，在教学内容与主题等方面做出切实的调整，系统并有策略地将此队伍打造得更完善。

第二节　高校教育管理队伍的管理

一、高校学生管理人员的选拔

（一）选拔的意义

1.精心挑选是构筑团队的基石和起点

　　精挑细选干部是建设一支政治坚强、业务精湛、纪律严格、作风优良的学生管理队伍的核心环节，也是确保队伍高质量的有效途径。因此，选派的成员必须具备教师的高尚素养，为的是使他们在指导学生时能展现独特的风采，并赢得学生的赞誉与信赖。这些人选还需要具备扎实的理论功底和超凡的组织沟通技巧，从而在承担学生管理的职责时能有效引导，促进思想政治教育常态化、体系化和科学化发展。与此同时，他们应当拥有创新意识和敏锐的思辨能力，努力探索新的形势和应对新的挑战，具备敏锐的观测力和透视力。他们还应当持有信仰，坚信自己从事的教育职业是极其崇高且值得骄傲的，受到人们的崇敬和尊重，并成为社会主义物质文明和精神文明建设不可缺少的部分。

2. 妥善挑选管理人员，改进学生管理团队的构成

在高校中，管理团队不仅仅有对成员素养的要求，更有对团队整体构成的要求。因此，在选拔过程中需要平衡兼职与专职人员的比例，注意在成员年龄、性别分布，以及个人专业技能、职务级别和教育程度等方面进行合理搭配，以实现团队构架的最佳状态。经验告诉我们，管理团队的结构是否科学，直接关联到其管理效率的优劣。因此，注重合理化的选拔机制，推进管理团队结构的优化，是十分关键的一环。

3. 公开选拔，形成竞争上岗机制

在进行人才筛选时，应该公开选拔，形成竞争上岗机制，并举行公平的招聘活动。首先，求职者应具有清晰的目标导向，故能充分体现出积极性和主动性。其次，透明的筛选过程允许对求职者进行综合评比，依据既定标准从中选取理想人才的空间相对较大。最后，提升工作价值。从辩证的视角和求职者的心理来看，越是容易获得的工作或者是大众都能完成的任务在大众心中的价值往往较低；反之，那些需要经过激烈竞争最终被选拔上岗的职位，在人们看来价值更高。严格的队伍成员筛选机制使该职业的声望自然而然提升，而且这种竞争风气的持续存在，对学生管理工作的进步也颇有裨益。

（二）选拔的原则

选拔原则是指在挑选活动中，须奉行的确切导向理念与根本准则，它是选人用人智慧的科学提炼与归纳。只有恪守选拔的原则，才能实现最优的选拔效果。

1. 德才兼备原则

在选拔时须兼顾品德与能力，坚持德才兼备原则意味着须准确领会并掌握德行与才干的互动关系。在甄选人才时，要全方位地了解并评估被考察者的综合表现，既不可偏重品德而忽略能力，也不可唯才是举而轻视品行，要恰当地把品德和能力融合在一起，宁缺毋滥。

2.择优选拔原则

选拔过程应基于严苛的标准与成熟的体系，以确保招聘质量。坚持择优选拔原则意味着要充分利用人才，发掘其潜力；不仅仅追求数量的合理配置，更强调人才的素质与能力。在队伍建设上追求精减高效，确保人才结构的"精英"化与效能的最大化。

3.双向选择原则

选拔杰出成员强化高校学生管理团队，首先要得到本人的自愿参与，其次是有关管理机构从众多候选者中精心挑选，两者缺一不可，相互印证后才能圆满实现选拔过程。若挑选过程忽略了自愿原则，采取强硬手段，则将不可避免地导致被选上人员消极对待，无法投入情感勤勉工作。此外，即使管理部门在筛选时未觅得理想候选者，也不应放宽筛选标准，以免损害团队的优势结构与综合素养。

（三）选拔的方法

高校对学生干部选拔的方法包括指派、推举、录用和评估等。这些方法既可以独立实施，也可以互相配合应用。

二、高校学生管理队伍的培养

（一）高校学生管理队伍的学习

必须强化行业专精发展，促进学工人员专业化，使其在思想政治教育、心理卫生指导、生涯发展策划及学生管理工作等领域转型为专家。作为学生的管理者，不仅要在政治理念上做导航员，还要在学习生涯与日常指导上做领路人，在心理健康指导上做顾问，在维护合法利益上做守护人，单靠热忱与关爱而无扎实的专业知识支撑，显然不能胜任。高校应当认真将学生管理队伍职业化、专才化和咨询专家化作为重点，提供包括思想政治教育、时政政策、管理科学、教育理论、社会学理论、心理学知识，以及职业生涯指导与学生事件处理等领域的专业辅导和训练，并开展与学工相关的科研活动，以培养学工人员成为熟练且具备专门技能的专才，确保其在工作上游刃有余。

（二）高校学生管理队伍的培训

承担学生监督任务颇为任重道远，且从业素养格外关键。若想做好学生的生涯引路人，则必须自身修养深厚，外显风范，做出表率，身教言行并茂。

一群优秀的教师能孕育一流的学府，而负责学生的管理者也具备塑造年轻一代命运的力量。若这些管理者缺乏献身精神与责任心，容易情绪波动和计较小节，那么他们不仅难以胜任工作，还可能对学生的发展带来消极作用。在加强学生管理团队建设方面，应以严格为原则，并结合实际情况规划培养方案，分阶段、有序地开展各类岗前和在职培训以增强职业伦理。同时，定期组织学习考察和经验分享会议，以促进信息交流和能力提升；构建绩效考核与聘任、奖惩、升迁等关联的激励机制，以激励工作者的积极性和创造力；不断提高管理者在政治理论、职业道德和政策制定层面的素质。此外，应要求学生管理者在个人品行和职业行为上追求卓越，既要有崇高的理想和脚踏实地的行动，也要有正直诚实的品质、自我激励的动力、团结协作的态度及勇于创新的思维。

三、高校学生管理队伍的管理

对学生干部队伍的管控应以构建为核心，不仅要妥善处理选取与培育两个阶段，还要注意落实其他的管理职责。

（一）加强制度建设

1. 加强队伍管理的制度建设

鉴于社会进步需要对学生管理团体的培养，须完善一整套有效的管理规程，对团体成员的素养要求、分工、激励措施、评价标准，以及选拔机制、人员分配、职称体系、晋级路径、任职期限及成长规划等方面均须有详尽的条文，通过加强制度建设，提升团队的整体配置，增强对学生管理团体的组织能力建设。

2. 建立相对稳定和合理的流动制度

高校校园学生管理团队的成员更替是必不可少的，这对于改善团队构成至关重要。设计恰当的人才轮换机制对提升团队的活力与竞争力、保持团队的稳定性具有极大的重要性。专职成员的稳固性要得到保障，因为这有助于积累知识、开展学术钻研，并提高团队的综合素养与执行效率。还需推行科学的人才轮岗策略，保证动态调整与稳定的平衡，在保持连续性的同时，实现合理的人员流动，两个方面都不可忽视。要实现这一目标关键在于框定出明确的规章制度，并进行严格监督以确保得到妥善执行。

3. 完善考核制度

对学生管理工作人员的评估体系（包含对培训效果的考量）须进一步优化，确保评估成果与其获得的激励措施、晋升机会直接关联。对表现杰出的管理者应予以公开表扬和奖赏，不仅应给予物质上的奖赏和精神上的鼓励，还应积极宣扬他们的进步观念与贡献，致力营造崇尚思想政治教育事业与人才育成工作的正向氛围。对那些工作表现欠佳的个体，要适时给予反馈，并在必要时进行适当调整。在队伍建设过程中，奖罚机制应该长期执行，持续发挥其作用。

（二）拟定激励政策

为确保学生管理团队的健康发展，不仅要激励骨干成员全身心投入，还要拟定相应的激励政策，以吸引更多杰出人才的加入。这些激励措施应涵盖成员培训深造、职务调动、岗位补贴、生活津助、职称晋级、职务晋升等方面，赋予明晰而具体的条款，令投身于这项事业的人员全无后顾之忧，心无旁骛地履行职责，达到能吸引人才进入、留住人才并激发他们的最佳表现，从而使其更积极有效地完成思想政治教育任务的目标。

（三）热情关心，大胆使用

教育管理者负责培养人才，也需得到组织的积极支持与关照。各层级的党机关与管理机构在领导上不仅要给予政治层面的关心，还要在职责范围内提供指点。在日常生活中，帮助他们解决遇到的各类问题，方可让负责学生事务的管理者全神贯注地钻研思想政治教育理论，并能不断提升自身的工作技能和业务水准。对那些在工作中显现出卓越才能的管理人才，应果断提拔并适时委以关键职位，以便于他们发挥更显著的影响力。

高校应当强化对学生管理团队建设的谋划、引导及监察，确立相互检查与自我审查机制，确保该团队建设的方案和策略得到逐级实施，以此培养出一批既有政策理念又具备专业技能且遵纪守法、作风端正，人员结构均衡的优质高校管理团队。

（四）科学评价学生管理者的工作

对高校学生管理者的职责履行进行科学审视，对于巩固和提升高校学生管理团队的素质具有至关重要的作用。同时，它是对高校学生管理者成绩的确认与肯定。鉴于此，在对这些管理者的职业表现进行评估时，必须秉承科学发展的理念，注重实际成效，区别不同情况，细致分析，以确保评价结果的公平性、合理性和科学性。简而言之，需要达到以下几个关键点。

1.考核标准，明确考核内容

针对不同岗位性质及其职责制定考核标准，以成果为主线，包括道德、能力、勤奋、业绩和清廉等方面的评价指标。

2.改进评价机制，妥善解决评价标准的选取问题

通过实施"能力测评、成效考查、民意反馈、多元筛选"的评估手段，确保评估成果的客观公正与综合全面。

3.对相关体系进行优化升级，妥善处理"只注重结果"的问题

完善提升评估反馈体制、激发潜能的考核机制及培养成才的考核制度。同时，须随外部环境及新兴挑战的演进，针对新的目标与需求，适时修改和扩充考核的范畴，对评价的准绳进行更新、补强与调整，力求在考核工作中增强其指导性、合理性、比较性与操作性，进而激发高校学生事务管理团队的工作热情。

第三节　高校教育管理队伍的建设路径

在高校中，负责学生指导的辅导员及日常事务管理者经常与学生互动。着重提升这两支团队的素质，是学生培养与管理团队构建的关键。对于这两支团队的发展与完善，我们可以采取诸如职业发展模式、加强专业培训、提升发展潜能及注入动态活力等多元化的策略。

一、坚持职业化建设路径

通过实际经验可以得出，要想有效提升特定工种人员的专业水平，采取职业化管理并对他们实施资格审核是一种有效手段。无论是捍卫民众法律权益、维护法律尊严的法律工作者，负责企业财务管理与资金增值的会计专员，还是挽救生命、帮助病患康复的医护人员，他们专业素质的提升都得益于严格的资格审核体系。因此，若思想政治教育工作者期望取得实效，则迈向职业化势在必行。在推进职业化进程时，应重点考虑以下几个层面的构建与完善。

（一）树立高校教育管理队伍职业形象

形象出众的教育管理工作者不仅能让学生爱戴、凝聚强大向心力，还更有利于争取到社会各阶层的肯定与支持。

（二）坚定高校教育管理队伍职业理想

职业抱负既涉及个体对其未来职场领域和职业类别的憧憬，也

包括个体在现有工作中期望实现的目标或想要取得的成就。与职业认知、职业情怀及职业道德诉求相比，职业抱负展现了一种集合性、恒久性及持续性的特质，对高校学生道德素养塑造颇具引领作用，成为德行认知向德行转换的关键动力。从马克思主义认识论的视角来看，职业抱负是个体在社会联系中所形成意识形态的反映，是个人对各自政治与经济环境理解的产物，会因政治、经济要素的作用而受到影响，它是个人思想政治修养中的高阶要素。职业抱负根据其深度可分为初、中、高三个层级。在社会各阶层中，处于初级层面的职业抱负通常将职业看作维持自己及家人生计的手段；处于中级层面的职业抱负将职业视作个人成长与发展的途径，是个性化教育的一种方式；而处于高级层面的职业抱负是教育过程中社会个性的体现，将个人追求与社会实际相融合，在专业领域内发挥个体对社会的积极作用。

（三）培养高校教育管理队伍职业技能

高校管理者需掌握多项技能，不断增进自身的职业操作能力。高校中从事学生教育管理的专业人才需具备的技术能力主要涵盖以下几个方面。

1. 侦查和研究能力

高校教育管理人员要具备杰出的侦查和研究能力，熟练掌握侦查工作的根本准则和手法，重视实证性的研究方法，能在与受教育者及社会进行互动时，进行观察、感知、理解、分析，进而做出准确判断。同时，他们应当具备高水平的理论分析和研讨素质。在对高校学生进行教育管理的实践中，更应当强调落实调研工作的重要性。针对受各种思想影响并具有一定辨别能力的学生，运用以事实为基础的对话技巧无疑可以更有效地获得他们的信任。

2. 意识形态传播技能

意识形态传播技能涉及具备高效的演讲与书面表述才华，能在会议发言时准确把握核心要点，凸显关键，具备感召力；在从事群众工作时展现积极性、忍耐力、周到性，擅长理解与关照他人；撰写文章要条理清晰，贴近实际生活，论证严谨，具有强大的说服力。

3. 协作策划技巧

高校的学生教导事务是寓于社会的教育实践，其教育目标群体既有集体又包括个体。在这项教导工程中，一方面，须整合教学资源，发挥集体教育的综合效用；另一方面，须针对个别学生，耐心地进行沟通，以期达成卓越的教学成果。

二、坚持专业化建设路径

与将重点放在高校学生成长外表及表象上的管理者职业建设路径相比，专业化建设路径侧重洞察并提升高校教育领导者的内在素养和深入管理能力，具体而言，包含以下几个层面。

（一）构建符合高校教育管理工作要求的知识结构

管理科学是一个集多元领域于一体、实操性极显著的专业领域。每位教育工作者均需通过系统学习与实际训练积累深厚的知识素养，并提升至专业高位；且高校教育管理者须具备完善的知识架构。

1. 掌握高校育人工作所必需的坚实理论基础

坚实理论基础包含深厚的马克思主义理论根基和理论素质，涵盖高等教育学生管理的基础理念及业务知识，融合了党的教育传统与实践经验，涉及高校管理与教学工作的基础原则、方法学和发展史的专业知识。

2. 掌握涉及高校学生教育管理职责的各项学术领域知识

高校学生教育管理岗位不仅负责高校学生在校园的日常管理任务，还包括对他们校外的思维导向进行一定辅导。因而，高校教育管理者需具备深厚的专业理论基础，并对于与本职工作相关的配套知识有所掌握。对这些相关知识理解越透彻，对其从事的教育管理工作越有裨益。

（二）培养符合高校教育管理工作要求的能力结构

高校教育管理者除了需要具有丰富而深入的知识体系外，还应拥有必要的职业技能。这些管理者的专业能力主要涵盖以下几个方面。

1. 思维先知与抉择技能

思维先知与抉择技能理应被高校学生教导主管掌握。通过深入的调研活动，他们应敏锐洞察事物内在及相互间的隐蔽联系，并据此领会其进展的真实规律。在对现实情况做出深刻洞察与精准分析的基础上，准确判断及预见其未来发展动向与可能成果，进而策划领先一步的发展战略与对策，确保工作取得有益成效。在全球经济一体化和世界格局多元化共同作用下，鉴于国内外竞争越发激烈、市场需求持续多变且发展良机转瞬即逝，一个称职的高校教育领导者必然需要具备卓越的分析审视能力。

2. 独立从事科学研究的能力

高校校园内负责学生学习指导的专业人员应当掌握独立从事科学研究的能力。这一工作涉及高校学生成长的科学规律，拥有严谨的逻辑框架与完备的理论体系。社会动态的不断变化及科学技术的持续进步要求高校学生管理理论不断地进行更新与改进，从而让教育从业者具有较高层次的理论功底和较强的研究开发实力。

3. 掌握现代方式的运用技能

21 世纪被标榜为知识经济盛行的时代，在科技不断进步与飞速演变的动力推动下，人类活动的广度与深度是前所未有的，社会运作的复杂性也随之增加。代表着高科技的各项关键技术，比如，信息技术、微电子、通信、人工智能、生物科技、新型材料、可再生能源及海洋探索等正快速崛起，这些技术的进步成为高校及其管理工作迈向全新纪元的科学根基。

（三）建立符合高校教育管理工作者要求的评价机制

在高校教育领域，须建立符合高校教育管理工作者要求的评价机制，其中，深化专业岗位和等级制度的管理是核心环节。通过对教职员工岗位、等级的精准管理，促使杰出的高等教育工作者展现其能力，获得认可与奖赏，对那些未达标准、表现欠佳的教育工作者应当迅速做出调配。实施等级体系旨在鼓舞那些致力高校教育工作的专业人士。长久以来，高校教育管理团队面临着不稳定性和干部后备力量短缺的挑战，等级体系的确立是攻克这一难题的关键。

三、坚持发展性建设路径

（一）加强高校教育管理队伍的规范化培训

针对高校教育管理者的专业提升培养，是遵循经济与社会进步需求而展开的一系列有计划、有组织的训练和教育措施。实施这些措施须避免走形式，坚持理论结合实践、实用导向、因材施教、注重成效的理念，并建立一套全面的培养架构。同时，依据实际情况制订合理的培训安排，并精心挑选教育内容，不断优化教育方法，配齐专业师资与行业专家。此外，完善的后续跟进回馈与心得体会汇总同样重要。这样的培训旨在显著提高高校教育管理者的各项能力，如理论应用、形势分析、影响价值观、凝聚团队、调研总结、实施成效等，使其能摒弃以往自我中心的观念，增强服务意识，以赢得学生的好感。

（二）加强高校教育管理队伍的学习主动性

在培养充满智慧气息的高校学生时可以发现，他们不仅拥有扎实的知识基础、显著的个性修养和强劲的动手操作能力，而且具备独立的性格特征与现代化的思想理念，并推崇科学的态度和逻辑的思维。在这种情况下，各大高校须对学生的培养和管理制定更严格的准则，并要求教育工作者本身也具有更出色的专业素质。他们需要将自己的能力从简单的管理职责扩展到多元化的综合才能上，转型为既精通技术知识又深谙教育实践的高素质人才。为了达到这一目标，那些在高校中肩负重大责任的教职员工必须不断地增进自身的学术和修养水平，积极构建和更新知识结构，勇于迎接工作中涌现的新挑战和变化，并怀着终身学习的精神不停进修，确保自身的发展与社会的进步保持同步，全力以赴地造就出能紧跟时代脚步的杰出人才。

四、坚持动态性建设路径

维护学生教育管理团队中人员的正常更迭是不可或缺的，这不仅是改善团队构架的需求，还是现代化管理理念所提倡的灵活管理策略的必然之举。为落实灵活性的管理，应从以下几个方面着手。

（一）进一步优化高校教育管理队伍选聘机制

处在当前发展阶段中的社会主义市场经济环境，构建一个标准的人才流动体系至关重要，这对于增进团队活力、保障团队稳定性并提升其质量层次，是一项至关重要的策略。我们须致力保持专业核心人员的相对稳定性，并鼓励他们深入理论探索、累积实践知识，以此有效促进团队整体的素养和业务能力。此外，必须淘汰不符合高校学生教育管理岗位要求的人员，完善淘汰落后与选拔优秀人才的动态机制，以此提高高校学生教育管理工作者的综合素质。

吸纳杰出人才是强化团队实力的关键环节。只有保障顶尖人力资源加盟教导管理团队，才能在持续教育训练基础上打造出卓越的高等教育学生管理者团队。挑选的宗旨在于构筑一支理论与实践兼备、多功能互补、信念坚毅、专业技能过硬的学生管理团队。因此，推进有效的选拔流程是团队构建的起点及根本，严格筛选为高校学生教育管理的构建与运营提供了决定性保障。在选拔过程中，必须真正遵循公开、公平、竞争、全面、优选的准则，通过纳才识贤，育才用贤，诚择一流的高校学生管理人才。

（二）大胆培养、任用高校教育管理优秀人才

高校教学管理团队的成长历程依赖一项周密的系统性工程。过程中需要明确培养的目标与计划，同时，监控目标实现的进度，并根据这些进展适时对培养方案进行调整与优化。定期的复盘与梳理也是确保教育管理人才成长机制科学化的关键。此外，教育管理人才的提升应覆盖多种方式，如全职学习、上岗培训、交流锻炼和组织考察等多样化渠道，目的在于全面增强他们的职业能力。

高校学生教育管理团队须臻于强盛，这不仅要激励骨干成员安心各司其职，还要出台吸纳政策，以吸引更多的杰出人士投身其中。选拔标准须遵循革命性、知识性、专家性及年轻性，重点在从青年群体中发掘培养优质人才，并让他们补充到领导团队的不同岗位。对在高校学生教育管理职务上有卓越成就、贡献突出或有别具一格业绩者，应提供多方面的奖赏。对那些成绩显著的优秀个体，则应大胆选拔并及时提升至领导职位，从而让其才能更好地得到施展。

（三）进一步扩大高校专兼职学生管理队伍交流

如今，我国高校学生教育管理团队由两个群体构成：一个是全职管理人员，另一个是兼任管理人员。全职管理人员是该团队的核心与中坚力量，他们在教育工作中扮演领导角色。兼任管理人员是那些既有自己本职工作，又肩负起高校教育管理职责的人员。虽然他们不会投入全部的精力和时间在学生事务管理上，但在整个团队中，他们仍扮演着不可或缺的关键角色。加强全职与兼任管理人员间的沟通，不仅能激发更多人才投入学生管理的群众性活动，还有助于实现学生管理工作与日常业务的有效结合。多年的实践证实，兼任管理人员在高校学生教育管理工作中具备全职管理人员不具备的独特价值。

综上所述，如果要拓展高校教育管理团队的影响范围与作用力，就需进一步扩大高校专兼职学生管理队伍交流，并尽最大努力将这具有浓厚社会属性的管理实践活动推向更深层次。

第四章　高校人才培养概述

第一节　高校人才培养的概念

社会和谐发展需要群众的共同参与，而社会主义建设的推进依赖高素质人才的积极奉献。在当今的经济发展背景下，一个国家或地区的进步与其居民的素养、拥有的人才规模及其质量紧密相连。培养人才的过程对于建立一个和谐的社会环境具有促进作用。从这一视角出发，要确保每个人都能平等地接受教育，并且教育的目标应与促进社会和谐的目标相协调，就尤为重要。

高校教育进步的外部表现在于不断提升的教学质量。面对科技进步、经济社会发展及高校教育改革带来的新课题和新挑战，各大高校须加强对这些变化的适应，积极探索与实践，强化改进教育的决心与担当，提升人才培养的水平和深化培养模式的改革。

高校担任着三项主要职责，即教学、科研和服务社会。在这三者中，教学是高校教育的基石，科研是推动学术发展的驱动力，而服务社会则展现了高校教学的实际应用价值。然而，目前国内高等教育机构普遍存在一个现象：过分看重科研而忽略教学。无论是顶尖学校还是地方高校，普遍趋势是高校工作的重点放在科研上，忽视了教学的重要性。这一趋势较为直观地反映在教师的评价标准中，经常有一些在教学上表现优异的教师因科研成果不足而受到不公待遇。因此，许多教师为适应评价体系，不得不将重心转移到科研上，从而忽视了教学。这种现象的根源在于现行高校评价体系过于功利，致使科研成了唯一的衡量标准，而教学作为高校最基本的使命，却被逐渐边缘化。要提高人才培养质量，高校必须重新认识到教学的重要性，并在三大职能间找到平衡。

相比于基础教育阶段，大学阶段的教育更注重专业性，其目的在于塑造全面发展的社会人。根据我国社会主义制度的要求，高校须培养具备全面素质的接班人，使他们在各自领域成为行业翘楚。教育与教学虽相辅相成，却有所不同。教学是教育过程中的一部分，而教育的核心在于培养学生的全面素质，包括德、智、体、美等方面。一个理想的社会主义专业人才，除了具备扎实的专业知识外，还应具备良好的个人素质，比如，职业操守、沟通能力和团队合作精神。因此，要培养出既有知识又有能力的人才，不能仅依赖传统的教学方法，而应该综合运用多种手段。除了课堂教学外，还应重视校园文化建设、社会实践和各类社团活动，以全面提升学生的综合素质。这样，高校教育才不会沦为单纯的知识培训，才能真正算得上具备深厚内涵的学习和成长平台。

第二节　高校人才培养的理论基础

一、跨学科教育理论

20世纪，高等教育领域，尤其是美国、英国、法国、德国、苏联和日本，见证了一系列重大改革。最初，这些改革体现在大学课程设置和课时安排的综合化与现代化上。这些改革在第一次世界大战期间就有迹可循，当时的教育运动旨在打破传统的文科界限。在第二次世界大战期间，教育领域的进一步改革则探索了整合思维与教育的方法，并且对跨学科学习的价值进行了深入讨论。此后，跨学科教育理念在全球范围内迅速发展，引起了学术界的广泛关注。教育研究者开始更深入地探究教育方式的起源、推动力和分类，与以往的研究方法相比，这些新的探索展示出前所未有的深度和广度。

（一）跨学科教育起源

在古希腊时期，柏拉图、亚里士多德等哲学家已经开始探索跨学科教育的重要性，他们强调了以综合方式培养学生的必要性。尽管后来学科分化成为教育的主流，但综合知识教育在高校中的实践并未消失，它作为一种强大的传统力量，一直在引导着学科融合的发展方向。据经济合作与发展组织的分析，跨学科教育的兴起是由以下五种不同需求推动的。

第一，在当前的教育体系中，多学科交融的教育模式逐渐凸显其重要性。随着学科日益专业化，研究不仅深入细致，而且涌现多个涵盖广泛领域的新兴学科。这些学科通常需要结合其他领域的知识进行阐释，以此丰富和扩展学科范畴。第二，从学生的需求出发，跨学科教育能解决学生对固定学科划分不满的问题，提供了一个平衡的解决方案，也是学生对现行教育体制的一种积极反馈，能满足他们的基本学习需求。第三，就职业培养而言，社会对能从多角度思考和解决问题的人才有迫切需求。传统的学科分割方式更多是培养单一领域的专才，而跨学科教育能有效地培养具备综合素质的"专家"。第四，社会的持续发展催生了许多新的研究领域，如城市化、环境问题等，这些领域的知识通常较为深奥，需要融合多个学科的力量。因此，将跨学科教育引入高校教育体系，可为通识教育带来革新。第五，从高校管理角度来看，一些高校已经在管理和职能分配上采用跨学科教育模式。这种模式与高校体制的重组和资源配置直接相关，有助于提高高校管理效率，加速实现教育目标。

（二）跨学科教育发展动力

经济合作与发展组织对多所高校进行了深入的分析研究，从而将跨学科教育的推动因素归纳为四个方面。首先，在学生角度，他们通过跨学科教育能接触到更多先进和实用的专业知识，这不仅增强了他们的学习热情和自信，还拓宽了他们的职业视野，为他们提供了更广泛的就业选择。同时，这种教育方式促进了学生综合素质的提升，帮助他们更好地适应市场需求，提高了他们的创新思维和研究能力。其次，从教师和教育研究者的角度，他们在跨学科教学中能灵活运用各种教学方法以达成教学目标，面对挑战时也能更灵活地采取解决策略，从而打破单一学科研究的局限，拓展了知识领域。再次，从高校的角度，跨学科教育满足了高校体制的改革需求，它打破了传统学科间的界限，加强了高校内部的学科交流，同时，将高校教育与社会实践、理论与实际紧密联系起来。最后，在科学探究角度，跨学科教育既能发展新的专业领域，又能避免学科过于狭隘，它既揭示了不同领域间的相似性，又能明确区分各自的特点，拓展学科的边界，同时，确立了新的研究领域，为其提供理论支持并促进其应用转化。

（三）跨学科教育活动分类

跨学科教育活动多种多样，主要包括以下四种：一是引用型，即在本专业教学中应用其他学科的知识；二是集成型，通过成立教学小组，整合不同专业教师的知识，进行协同教学；三是探索型，激发学生参与感，在复杂的教学情境中评估不同教学方法的利弊，进行创新性教学；四是融合型，将所有学科的教学方法综合运用，打破传统学科间的界限。

二、多元智能理论

美国哈佛大学认知心理学家霍华德·加德纳教授在1983年发表的《智能的结构》一书中首次提出了多元智能理论。这一理论对标准化的测试和传统的教学方法产生了巨大影响，获得了教育界的广泛认可。自20世纪90年代起，多元智能理论就成为许多西方国家进行教育改革时的核心理念之一。

加德纳提出，智力无法用单一的指标衡量，因为智力是一个包含多维度因素的复合体。在特定的社会或文化背景下，个体需要依靠智力应对遇到的挑战，解决问题，或创造有价值的成果。

通常认为，人类拥有以下八种不同的智能形式。第一种是语言智能，体现在人们对文字含义、组织结构、发音和语言节奏等方面的敏感度与理解能力上；第二种是数理逻辑智能，涉及人们在不同行为和符号之间建立联系的能力；第三种是视觉空间智能，是指人们在空间布局和设计方面的思考能力；第四种是身体动觉智能，即人们使用身体部分或全部解决问题的能力；第五种是音乐智能，体现在对音乐节奏、旋律等方面的感知和理解能力，也包括唱歌、演奏乐器和作曲的技能；第六种是人际智能，涉及与人有效沟通的能力和对他人情绪的敏感洞察力；第七种是自省智能，是关于自我认知、自我反思及根据个人特点采取行动的能力；第八种是自然智能，是指对自然环境特征的分类和辨识能力。

在实现目标的过程中，人们会运用不同种类的智能。通过这点可以证明，各智能形式间并不是互不相关的独立单元，而是一个互动和相互依存的网络。它们不是独立存在的，而是通过多种方式互相连接的，如存在着限制作用、补偿作用和促进作用。限制作用是指在两种智能中，一种智能的不足可能会影响到另一种智能的表现，如某学生擅长数学学科但语文学科成绩不佳。补偿作用是指一种智能的不足可能被另一种智能的优势所弥补，如某戏剧专业的学生虽然身体协调能力不强，但他的语言表达能力十分出色。促进作用是指在两种智能的互动中，一种智能可能会促进另一种智能的发展。比如，当一个学习文学的人在写诗时，视觉空间智能和音乐智能可能会帮助其构建更生动的画面与节奏。这种跨学科的教学方法不仅能激发学生在各领域的潜能，使其转化为日常生活中的具体行为，还能帮助教师实现教育的根本目标。

教师要想催发智能的促进作用，可以通过创设包罗万象的课程和整合多元的活动，将具备各类才能的人济济一堂。在这样的环境中，每个学生的独特才能能够相互激发与影响，通过团队合作，取得更高的成果。在这一过程中，学生的智能将得到发展，不仅可能孕育出新的智能领域能力，还能加强现有的能力，从而实现共赢。然而，当前，多元智能理论在教育领域主要应用于中小学，在高校教育中应用较少。那么，在高校教育中，多元智能理论将如何促进教育效果的提升？对于培养跨学科的复合型人才，这一理论能发挥怎样的作用？这些都是亟待探讨和解答的实际问题。

三、教育目标理论

高校的首要任务是培养学生，这一任务的进行依赖特定的教育理念和实践方法。在这一过程中，教育功能理论、教育目的理论和高校职能理论三个理论体系发挥了指导作用。

（一）教育功能理论

教育的根本作用体现在其对人类及社会发展的积极影响上。它不仅涵盖培育个人的各方面，如思想道德、审美、智力和体力，还在政治、经济和文化等领域有着特殊贡献。换而言之，教育旨在全面发展人的潜能，同时是社会进步的基础条件。教育的目标和实践不仅局限于其自身领域，还与社会的其他方面紧密相连，形成了一种交叉和互补的关系。因此，我们可以将教育定义为一种全面培养人类并推动社会发展的重要活动。在这一定义中，教育、个人和社会三者的关系被明确阐述，突出了教育在个人成长和社会发展中的双重作用，即社会进步依赖个人能力的提升，而个体的成长又得益于社会进步的成果。这种互动关系体现了教育的双重职能：一方面，它支持个人的全面发展，使其能更好地适应社会；另一方面，它不仅促进社会的整体进步，还为个人提供了更多成长机会。在教育领域，关于以个人为本与以社会为本的教育理论曾引起广泛讨论。重要的是，这两种观点并不矛盾，而是相辅相成的。通过全面理解和发展这两种观点，教育能更有效地实现其目标，既推动个人的全面发展，也促进社会的持续进步。

（二）教育目的理论

教育的实施必须基于明确的目标和计划，这是其能顺利取得成果的首要条件。在启动教育过程前，就应有清晰的预期目标和翔实的规划布局，而不是在非正式活动中寻求偶发的收获。在教育过程中，教师需对学生发展方向提前进行周密的规划和设想。社会对个体素质的总体要求，是教育活动中一个显著的问题，为制定教育目标提供了理论基础。教育目标也是国家对各级各类教育方向的整体规定。它与社会的实际需求紧密相连，同时，受到多种社会因素的影响，如经济发展水平、政治体系、教育对象的身心成长规律及历史与文化背景等。我国的教育目标主要体现在以下方面。

第一，我国的教育目标在于培养具备强烈社会责任感和强大实践能力的人才。这一目标明确了人民作为国家栋梁的重要性，肯定了教育在引领国家走向繁荣昌盛道路上的作用。基于这一目标培养出来的人才和劳动者，不仅仅深谙社会价值，更是国家发展的支柱。

第二，我国的教育重视学生综合素质的提升，旨在培养学生在德、智、体、美、劳各方面的均衡成长，助力学生身心得到全面的提升和发展。

第三，学生的成长不是均衡推进的过程，而要因材施教，根据每个学生独特的性格和成长阶段定制教育方案。教育应该重视学生的主观能动性，避免所有学生遵循相同的标准和路径。教育的目标是培养具有个性化特质的人，而不是培养如出一辙的人。基于这种认识，教师才能根据客观的教育规律，让每个学生都能在各自擅长和感兴趣的领域得到最佳发展。

（三）高校职能理论

教育是一种培养人的活动，其核心是激发个人和社会的进步。高校作为专业教育机构，担任着教育的重任。不同类型的高校侧重点有所不同。高校凭借其强大的教师队伍和科研实力，不仅培养专业人才，还致力推动学术领域的进步，从而为社会提供更优质的服务。

高校肩负着三重重要使命，即教育培养、科学进步和服务社会。其中，教育培养尤为关键，因为新科技革命的浪潮正冲击着全球，我国更需要从教育层面出发，培养能应对国际挑战的高素质人才。这就意味着高校必须以"三个面向"为标准，改革教育教学，以培育创新型实践人才。在科学进步方面，高校已在历史长河中证明其不可替代的地位，尤其是在科研领域。另外，高校还肩负着服务社会的重任，利用其独有优势，为社会贡献力量。新的社会服务模式正在兴起，高校通过与科研机构和企业等合作，全面发展教育、科研和产业，培养出既能适应社会又具创新能力的人才。

高校在规划教育目标时，应遵循其独有的教学理念，在全面培养人才的基础上，考虑到各种教育类型的特色，采用个性化教学策略。这样，高校不仅能为国家培养出所需的专业人才，还能充分开展有特色的教育工作。

第五章　高校人才培养模式构建

第一节　人才培养模式内涵与类型

一、人才培养模式内涵

要探讨"人才培养模式"这一概念，首先应深入理解"模式"和"人才培养"各自的含义，同时把握"人才培养模式"的独特之处。这样才能使我们对这一概念的认识既科学又客观。

在古代汉语里，"模"字的含义等同于"法"，这点从《说文解字》的解释中可以知晓。原书写道："模，即法。"而所谓的"法"，是依靠各种工具、模具或手段制造物品。

在古代，人们根据不同的制作材质，对"模"这一概念进行了细化，《中文大辞典》中记载，其分类为，木质的称为"模"，金属的称为"镕"，土制的称为"型"，竹制的则称为"范"，它们都是制作的依据。《词源》一书提到，"模"字有三重含义：第一，指作为典范的实物或标准；第二，指引导或示范的行为；第三，指效仿或模拟的过程。因此，从词性上来看，"模"既可作名词，也可作动词；从含义上来讲，它既描述了创造物品的手段，也指向了那些作为标杆的事物或概念。总而言之，"模"着重事物的形态、结构或方法，而"式"更多指代一个事物的形式或样式。

《现代汉语词典》（第7版）和《辞海》对"模式"这一概念的

解释各有侧重。前者将其定义为某种事物的标准形式或使人可以照着做的标准样式，而后者更偏重典范、模板的式样。将这两种解释综合起来，我们可以认为，"模式"具有双重含义：一方面，它是指样式或模型，强调事物的结构特征；另一方面，它涉及操作标准或方式，指导人们按照一定标准进行复制或模仿。在软科学领域，"模式"通常是指那些由多个因素构成、既有理论模型又有操作方法的概念，它们根据特定的思想指导制定，不仅具备形态构造的功能，还具有实践指导的作用，其核心特征是具有模仿性。而"模式"作为一个概念，涉及的是过程而非简单的目的或结果，也不仅仅是内容与形式的问题。

（一）建立人才培养模式的基本要求

在高等教育层面，要全面考虑人才培养的各方面。具体来说，需要明确的七个方面包括确立教育理念、设定培养目标、选择培养对象、开发培养主体、选定培养途径、优化培养过程，以及确保培养制度的完善。这些元素共同构成了完整的人才培养体系。教育理念是根据教育思想确定的教育的原则、任务、目标价值和基本特征，也涉及人才培养的具体目标和理念。确立教育理念，有助于解决"如何培养人才""培养什么人才""为谁培养人才"等重要问题。

教育理念的构建呈现多层次结构。第一，国家层面的教育理念，它涵盖人才培养的总体方向，涉及教育的多个方面，如价值导向、基础特性、系统布局、目标功能、财政支持、领导架构及管理机制等，为我国教育发展提供了方向性的指引。第二，高等教育机构和教师层面的教育理念，这主要体现在对教育目标的具体落实上，强调对教学方法、教育质量、管理方式、科学研究、学生看法，以及评价体系建立的重视。这些层级不同的教育理念共同构成了教育体系的完整框架。

教育的本质为塑造人才，这一过程涉及对人的品质、能力和知识的全面要求，反映了教育目标的指向性。在这一过程中，负责人才培养的各方发挥着不同但相互关联的作用。具体到高校，人才培养由多个部门共同承担：高校负责整体设计，院系等单位负责组织，而教师和导师直接参与实施，教学管理人员则担当管理工作。这些不同角色的共同努力，共同塑造了教育的核心理念——培养什么样的人才，以及这一过程的实现路径。

在人才培养过程中，教师和学生构成了一对培养与被培养的主客体关系。其中，学生既是受教育的对象，又是自我发展的主导者。他们在接受高校提供的教育活动和计划的同时塑造自己的个性与价值观。这种双重角色使他们在成长过程中既接受外部的知识和技能，又通过个人的思考和实践内化这些学习内容，形成独特的个人特质。在这一过程中，高校采用了多种教育方法，如实验实践、学术交流和课堂教学等，以促进学生的全面发展。教育的模式和过程，如教学方法、课程设置、考试方式和导师指导，都是实现培养目标的环节。这些组合灵活的教育元素，不仅在学生的实践经历中发挥作用，还在他们认识和理解世界的过程中展现其效果。

高校在培养人才的过程中着重建立和完善各类教育制度，这些制度既包括对学生学业、实习等方面的具体规定，又涵盖教育教学的全局安排；不仅包括对学生专业课程的设置、学生的选课和学分管理，还涉及实习实践、学术交流、教学管理等方面。具体来说，这包括导师制度、分流制度、评价制度等方面。这些制度的设计和实施是为了确保教育质量，指导和规范学生的学习与发展路径。而从更广泛的视角来看，高校的人才培养还包含招生、考试选拔、科研、管理、就业等方面，这些方面的制度共同构成了一个全面的、多层次的教育体系。这一体系不仅涉及教育的内部运作，还与高校的外部环境紧密相连，它们共同形成了一个复杂的制度网络，这个网络在整个高等教育体系中占据着核心地位。

（二）人才培养模式的地位

在人才培养体系中，培养模式占据了核心地位。通过分析其机制可知，虽然人才培养模式并不等同于整个培养体系，但二者间存在着紧密的联系和明显的差异。人才培养体系涵盖七个主要元素，即理念、目标、主体、对象、途径、模式及制度。因此，人才培养模式是人才培养体系中不可或缺的一个组成部分，它在整个培养体系中发挥着举足轻重的作用。

在现代社会的发展背景下，我国高等教育在培养人才方面展现了积极正向的发展势头。在这一过程中，教师与学生之间形成了对培养目标的共识。明确培养路径相对简单，改进教育制度和创新教育模式则更复杂。在教育过程中，要重视学生的个性差异，尊重他们的主体性，满足他们的学习需求。此外，教师在专业和课程的设置上应根据学生实际情况进行调整，采用因时制宜的教学方法，并结合灵活高效的课程评估机制，致力"以人为本"的教育理念，以期达到教学成果的最大化。综合考虑这些因素，可以构建一个与众不同、充满活力且效果显著的人才培养模式，这一模式是整个人才培养系统中最核心的部分。

（三）人才培养模式的特性

人才培养模式具有普适性和个性化的双重特性。它包含一般培养模式的常见属性，如模仿性、对实践的指导作用及理论与实际的连接作用等。同时，作为一种独特的培养体系，它拥有其他模式不具备的特质，包括遵循教育规律、具有明确目标、开放式教育理念、强调培养对象的主导地位、多元化的教育路径和确保教育质量等。遵循教育规律意味着培养模式需要考虑到教育自身的文化、结构和功能，考虑社会发展需求及学生个性化发展。具有明确目标强调培养学生社会和个人素质的和谐发展。开放式教育理念鼓励教育超越高校的限制，以适应社会和时代的发展。强调培养对象的主导地位是指认识到教育的主体是学生，不同环节应由不同主体主导，并注重人文教育。多元化的教育路径则体现在教育模式的选择多样性，既适应学生的性格和能力差异，也适应社会结构和高等教育自身结构的多维变化。

因此，在现代教育体系中，高校人才的培养过程应注重培养目标的确定，涉及制度保障、教育理念确立、教学主体界定、学习对象选择、培养途径规划，以及过程设计等方面的因素。这一过程体现了系统性、目标导向、中介作用、开放性、多样性及可模仿性等多重特质。尤其是在国家教育层面，已形成对教育理念和目标的统一认识，同时，鼓励高校在符合国家标准的基础上，根据自身特色开展人才培养系统的改革。在此过程中，教学主体和学习对象基本稳定，培养模式因其子系统性质而具备改变的灵活性。因此，当前高校教育的关键在于创新人才培养模式，如通过更新教学手段、优化课程结构等方式，旨在提升学生的学习体验，进而提高教师的教学效果，符合培养模式创新性和变化性的要求。

二、人才培养模式类型

（一）跨学科人才培养模式

1. 跨学科人才的内涵

1926年，美国哥伦比亚大学心理学家伍德沃思首次提出了"跨学科"这一概念，使原本泾渭分明的学科界限变得模糊。跨学科活动不仅包含教学，还涉及研究，其核心是促进社会科学、人文科学和自然科学的融会贯通与相互渗透。这种交叉的教学与研究方式，旨在探索不同学科间的相互联系和影响，从学术思想的基础层面到研究程序、方法和学术观点的全面交叉。

关于跨学科人才的定义，学术界还没有达成一致。根据目前我国高等教育的实际情况，可以将跨学科人才理解为通过特定教育模式培养的，掌握广泛的知识和坚实的理论基础（一般具备至少两个专业的技能和知识），同时具备创新能力和跨学科视野的综合性人才。跨学科人才是接受某种教育模式，拥有深厚理论基础，掌握多学科知识，精通多种技术，具备创新思维，并对多学科领域有浓厚兴趣，能在科学研究中取得跨学科成果的人。因此，这类人才在创新和创造力方面表现突出，能更好地适应社会和科技发展，预见未来趋势。多元的学科背景赋予了跨学科人才知识结构的多样性，而学科间的交织和互联使他们的知识结构更加不可悉数。

跨学科人才的核心素质主要表现在两个方面。第一，他们的知识结构独特而全面，能将不同学科的知识融会贯通，形成立体的认知视野。这种知识结构使他们在面对新兴事物时能迅速洞察其本质，直达痛点。第二，跨学科人才强调团队合作和资源共享。他们擅长在团队中发挥自己的优势，与不同领域的专家协作，共同应对挑战，这不仅有利于提升个人能力，还有助于拓宽团队思维。

2.跨学科人才培养模式的内涵

人才培养模式是高等教育机构根据社会的政治、经济及科技发展趋势，结合自身的办学特点和条件，依照既定的教育理念，系统地组织和实施人才培养。这种培养方式涉及教育目标的设定、培养体系的构建、实施过程的管理，以及教育成果的评估。具体来说，这一模式主要包括三方面内容：一是涵盖学生应掌握的知识、能力和素质水平，高校的定位和多元化的教学方法；二是关于课程设置和教育内容，这包括理论学习和实践操作、课程结构和教案设计、基础知识和专业技能的教授等；三是教学和管理手段的运用，如教学组织、制度安排、师资队伍构成、教学方法和教育资源的分配，以及教学评价和管理理念等。结合这些，高校的跨学科人才培养模式是根据校方条件和社会需求，为培养具备广泛知识和深厚理论基础的学生，设计的一种全面而系统的教学方法。

现在，高校学生在跨学科人才培养方面有五种主要选择，即主副修模式、双学位模式、综合性试验班模式、通识型模式及跨学科学位模式。这些多样化的培养方式，既为学生提供了多种不同的学习路径，也是推动教育改革、丰富人才培养体系的关键途径。

3.跨学科人才培养模式的重要性

跨学科融合教学已成为高等教育现代化进程中教学改革与发展的主流方向。这种教育模式不仅促进了学生的全方位成长，还为科技社会的前进提供了强大动力，并且已经成为教育多元化发展的一个重要组成部分。这种人才培养方式的实施，为教育界带来了深刻的转型，提升了对学科综合能力的需求，加速了高校改革步伐，并有力地支撑了经济发展。通过跨学科的学习路径，高校学生能接触到更广阔的知识视野，这种教育模式为他们提供了一个科学和实用的学习框架。在多元学科的交流与碰撞中，学生能拓宽思维，促进创新。从历史数据来看，不少诺贝尔奖得主都有跨学科学习的经历。

（二）复合型人才培养模式

1.复合型人才的内涵

复合型人才是指在两个或多个领域都具备知识基础和基本技能的人。这种人才一般包含三个类别：跨越一个主要学科的复合人才、跨越两个次级学科的复合人才，以及在一个专业领域深入同时具备其他多个学科知识的复合人才。

第一，具有综合素质的人才在多个领域都表现出众，不仅包括心理、生理和社会文化等方面的素质，还包括情感智力与认知智力的综合能力。他们不仅在某些领域能力突出，如创新和富有活力的思维，还能在短时间内把社会的经验、规范和知识消化为自己的品质。这类人才在综合能力上同样表现突出，能在多个方面发挥自己的长处。

第二，复合型人才展现了独特的智能结构优势。他们在汇聚多样智能的方面表现出色，能协调和优化这些智能，创造出新的智能应用方式，实现知识的有机融合。这种综合性的智能结构，超越了专才和通才的局限，不仅知识储备广泛，还才华横溢。

第三，多才多艺的复合型人才通常具有丰富的思维方式，如非直线型、多元化、发散性思维等。这类人群对多种事物有浓厚兴趣，并能运用各种思维模式深入探究问题的核心和规律，形成独特的见解。

第四，在多元复合型人才的眼中，事物之间的相互关联和差异清晰可见。他们不仅能通过对比和分析，快速定位问题的核心，还能运用自身的知识体系，洞察新旧事物的关联。

第五，复合型人才的适应性强，能在不同场合展示出多样化的处理方式。他们的这种灵活性有利于快速适应事物变化，特别是在工商管理、计算机等多学科交叉领域。

2. 复合型人才培养模式的内涵

我国的复合型人才培养模式，是一种融合国外优秀人才培养经验的独特模式。它根据复合型人才所需的素质、能力和知识结构，结合高校各自的特点，制定了包括"宽、厚、多、高"四个方面的培养策略。其中，"宽"体现在培养的人才适应能力强，专业知识面广，就业机会众多；"厚"强调基础知识的充足和基本技能的扎实和；"多"反映在专业方向的多样性和跨学科的学习；"高"则是指提高学生的思想道德素质和科学文化水平。在教学实践中，高校通过辅修和双学位等教育方式实现这一模式。辅修让学生在主修专业的同时，还能学习其他专业知识，并在满足特定条件后获取专业证书；双学位则是指学生在不同学科领域修读并达到两个专业的学士学位标准，从而获得双学士学位。这两种方式都极大地丰富了复合型人才的知识结构，是培养高素质复合型人才的主要模式。

3. 复合型人才培养模式的重要性

在当前社会，随着知识付费和科技迅猛发展的浪潮，传统的平衡被打破，知识和信息逐渐成为主导。快速生产和传播信息变成经济的新动力。职业的灵活性增强，知识更新速度加快，这使社会对人才的要求提高，需求增加。这正是培养具备多方面能力的复合型人才的绝佳时机。

自中华人民共和国成立以来，我国高等教育经历了从专才到通才的转变，而后又迈向了融合两者优势的复合型人才培养模式。本质上，我国高等教育最初是倾向专才培养的，但随着改革开放，通才教育理念自美、日、英等国引进并逐渐受到关注。到了 20 世纪 80 年代中后期，"通专结合"的观念浮现，开启了复合型人才培养模式的新篇章。在这一模式下，专才教育与通才教育各自的优势被有效结合，通过互学互鉴，创造了一个全面发展的人才培养系统。这种培养模式的推广，对我国传统的高等教育思想观念来说，是一次必要的、深远的变革。

在高等教育的发展历程中，复合型人才培养的出现开创了一个新篇章。它打破了传统的专才教育和通才教育之间的界限，为培养多元化人才注入了活力。在这一过程中，高校人才培养的焦点也在悄然发生转变，更强调能力的提升，最终转向全面重视学生的综合素质。这种演变实际上反映了教育模式逐步回归其本质的趋势。因此，要实现我国高等教育思想的革新，就必须将素质教育作为基础，均衡地发展知识、能力和素质，共同构建起复合型人才的培养体系。

随着信息时代的到来，我国高等教育迫切需要培养具备多维思考能力和全面素质的人才，以适应科学技术快速发展的挑战。在学科间界限日渐模糊的趋势下，跨学科交流日益频繁，对具备综合能力人才的需求日益增长。面对新兴学科的崛起，我们需要培育能从整体到部分审视问题、提出创新解决方案并创造专业价值的复合型人才。

未来社会需要具备多样化学科知识和技能，能在多学科领域进行科研活动，实现职业生涯全面发展的综合素质人才。因此，高等教育应更新复合型人才培养的理念和方式，以培养能在不同领域工作、掌握多元知识和技能的优秀人才为核心目标。这种做法有助于教育体系更好地适应现代科技发展的需要，并推动社会主义现代化建设。

（三）应用型人才培养模式

1.应用型人才的内涵

在多个行业中，应用型人才的定义并不统一。哲学界的学者认为，人才可分为应用型和学术型。应用型人才强调以理论为指南，以社会需求为出发点，通过实际操作将学术理论转化为实际成果，如产品设计或具体方案，并将这些新理论与方法应用于解决实际问题，为社会创造经济价值；而学术型人才主要致力学术研究，开展科学研究工作，他们创造的新理论和新概念对许多行业都有非同小可的作用，对社会发展也起着不可替代的作用。

学术型人才和应用型人才，虽然都在各自领域中发挥着作用，但二者的特点和重点各有不同。学术型人才致力基础科学的研究，如语言学、化学和物理学等，他们的任务是探索事物之间的联系和世界的普遍规律，更多地脱离于社会实际；而应用型人才专注于将这些理论应用于实践，他们更多关注实践性的理论，旨在服务社会，将理论转化为实际价值。尽管对这两类人才的培养目标和方法有所区别，但仍然存在着紧密联系。然而，现实中的人才培养往往偏重应用型，这种偏颇的培养模式不但缺乏多元性和针对性，还不利于培养学生的个性和解决实际问题的能力。

在人才的类型和知识运用层面，可以将其分为四类：工程型、学术型、技能型和技术型。在这四种类型中，工程型人才包括设计师和工程师，他们的核心工作是利用理论知识和技术基础创造图纸与设计方案；学术型人才，如理论和科学研究人员，主要注重理论探索和新发现，旨在揭示世界的普遍规律，并为自然界和人类发展提供理论支持；技能型人才在生产实践中担任主力，他们能熟练操作，将设计图纸和方案转化为实际产品；技术型人才，如农艺师和技术员，他们的职责则是将设计图纸实现为具体产品，并参与包括经营决策、生产管理和产品开发等方面的活动。在这四类人才中，工程型、技能型和技术型人才属于应用型人才。

因此，完成一项工作的过程可以看作从探索原理、创新理论到将其运用并实现生产实践的一个整体流程。在这一过程中，不同类型的人才各司其职。其中，学术型人才致力理论的研究与创新；应用型人才依托理论知识将改革应用于现实，全程参与实践活动并创造出实际成效；而技能型人才则着重通过技能操作实现既定目标。

人才的分类实际上是基于特定标准的综合划分，这些分类并非完全独立，而是彼此之间存在联系。如技能型人才在具备高超操作技巧的同时，还需具备相关的理论知识。而学术型人才在追求理论深度的过程中，同样应该涉猎社会实践，从而更好地理解和把握社会的发展动态。

高校在培养人才方面，比较重视应用型人才。应用型人才是在技能型与学术型人才的对比中衍生出的独特群体，它们在学术理论与实际操作之间构建了一座桥梁。因此，应用型人才需要具备坚实的理论基础，同时拥有灵活的思维和综合能力，能把理论知识创新性地应用于实际。培养应用型人才的核心在于激发学生的创造性和开发潜能。

2. 应用型人才培养模式的内涵

在应用型人才的培养过程中，理论教学与实践操作的重要性并驾齐驱，教学评价更注重个人的能力发展。该模式以特定的教育理念和理论为指导，以培育应用型人才为根本目标，并依据社会需求安排专业和发展学科。课程设计主要以应用为核心，遵循三个导向。

（1）以应用为导向。培育应用型人才的核心是适应实际工作需求，这要求高校在教育过程中要以职业规范和岗位需求为培养依据。与学术型人才相比，对技能型人才的培养更注重学生的实际操作能力。因此，在设计课程内容时，要强调学生的实践技能，并确保评价方式与实际操作紧密相联。

（2）以需求为导向。在社会发展和学科需求的引导下，应用型人才的成长路径被确立为推动社会经济的进步与人民生活的繁荣稳定。因此，培养人才的过程需注重其长期效益和实际应用价值，以此确保社会的持续发展。

（3）以能力为导向。为了使学生更好地服务社会，对他们的教育不仅应包含理论知识，还应注重实践技能。这样的教育模式要求学生具备多方面的能力，如操作技能、知识吸收与应用、适应社会、解决现实问题、自我成长及沟通交流等。因此，在评估学生的学习成果时，能力的评估应成为重要的一环。

（四）跨学科复合型应用人才培养模式

1. 跨学科复合型应用人才培养模式的内涵

跨学科教育打破了传统学科的界限，通过将不同学科的知识有机结合，为学生解决问题提供了创新的思维方式。这种教育模式旨在培养掌握多个非相关领域基础知识的人才，使他们能在自己的专业领域或相关交叉学科中工作，将理论知识应用于实际，为社会创造价值和财富。为此，高等教育机构根据社会需求和自身条件，制定了一整套跨学科人才培养的体系，包括培养制度、培养过程和培养目标，以期在传统教育模式的基础上，更好地整合各学科资源，培育出适应时代需求的复合型人才。

2. 跨学科复合型应用人才培养模式的特征

（1）应用性。在现代的教育体系中，跨学科复合型应用人才的培养方式较传统教育模式更注重实用性。传统教育模式主要集中培养学生在特定领域的深入知识，这种方法侧重学科本身的内容、结构和发展动态。然而，复合型应用人才的培养策略与此有显著不同。这种新策略不仅仅关注知识的深度，更重视其宽度和广度，将重心从单纯传授知识转变为引导学生自主学习，促进学生的自主学习意识成长。这一模式鼓励学生发现不同专业的共通规律和专业特殊性，学生通过将一个学科与其相关学科相结合，形成一个系统的知识网络，综合运用这些知识解决各种问题。

在全球视野下，人们对解决问题的需求催生了跨学科研究，其以多元学科背景为基础。跨学科教育与研究中的教育部分更侧重培育具有实用性和专业性的人才。这反映出培养人才的核心宗旨：为现实世界中的问题找到解决方案，或对现有问题提出实际可行的建议。

（2）开放性。在当今社会，高水平的问题解决能力尤为重要，这就要求在培养应用型人才时，采取一种开放式的教育体系。解决问题的关键在于探索新的解决方法，这意味着在培养高素质人才的过程中，应根据实际需要，对各学科知识进行适当的整合和调整。例如，在研究特定问题时，不应仅限于一个领域的视角，而应综合多学科的知识，以获得更好的解决方案。以解决环境污染问题为例，不仅需要结合化学、物理、环境学、法学、生物学等相关学科，还需要关注如人口学、心理学、伦理学等深层次领域的知识。这种多学科间的相互作用，有助于找到问题的最佳解决方案。因此，对复合型人才的培养应注重开放性和全面性，兼顾不同学科的优势，并根据情况灵活调整。

（3）互动性。在目前的高等教育中，学生已经不再只是接受知识的对象，他们还需要在学习的基础上对知识进行创新和传播。这一过程得益于跨学科复合型应用人才培养模式，该模式鼓励学生在掌握知识的同时，进行创新性的思考和实践。这种培养模式的特点在于其生动活泼的教学方式，与传统的教师主导课堂相比，更注重学生的主动参与和思考。教师更多地扮演引导者的角色，学生则是探索者，他们通过研究性学习和探究性学习，不断地构建和发现新的学科知识。这样的课堂氛围有助于激发学生的思考和创新能力，从而实现他们作为学科建构者和发现者的角色转变。

（4）群体性。在跨学科复合型应用人才培养模式中，每位学科研究员都有不同的学科背景和专业领域，他们来自不同的院系。科学的发展经历了一个从集中到分散再到重新集中的过程。20世纪下半叶，学科发展的趋势是从互相渗透、交叉到最终实现综合。这种趋势的形成，是因为每个学科都有自己的发展逻辑，而世界的发展趋势使很多问题呈相似性，需要不同地区、不同专业的人才共同参与解答。解决这些问题，需要多学科思维的共同参与，以便进行全面的分析。然而，并非每个人都能达到这样的高度。这就要求人们在自己能力范围内，打破学科界限，超越自我，通过集体的思维和方案解决问题。这正是跨学科复合型应用人才培养模式的精髓。在这种培养模式下，学生和教师来自不同的研究领域，他们用自己独特的视角分析问题，提供多样的思维方式，激发解决问题的灵感。这种方法不仅能促进学生所在学科领域的创新，还能在不同学科间的交流中擦出新的火花，实现学科间的相互促进和超越简单叠加的综合效果。

（5）综合性。当今社会对全能型人才的需求日益增长，要求高等教育体系培养能应对复杂问题的跨学科人才。这类人才的培养依托对不同学科知识的融合，强调学科间的交叉和互动。重视对学科内涵和背景的深入理解，以及专业发展方向的探索。同时，对学科知识结构的拆分与重组尤为重要。这种方法不仅有助于明确每个学科的特点和属性，还能促进学生对专业知识更全面地掌握。因此，高校教育应当注重培养学生在各自专业领域内深入钻研的同时，关心那些看似与自身专业无关的学科，以此完善和丰富自己的专业理解，实现知识结构的全面发展。

第二节　高校人才培养模式的主要问题

自20世纪80年代起，我国在教育政策的调整和教育体系的改革方面虽取得了一些成就，但在创新人才培养方法、提高教育的价值和品质等领域，仍面临诸多亟须解决的问题。

一、培养目标与社会需求脱节

当前，我国正处于产业结构和就业结构的巨大变革期，这带来了对人才的多元化需求。我国高等教育在课程体系、教学内容及专业结构方面却显得滞后，导致许多高校毕业生难以适应社会发展的步伐。高校在人才培养方面与社会需求的失衡，部分原因在于高校缺乏整合招生、培养和就业的观念。自高校扩招以来，部分学校在课程设置、培养目标乃至毕业生期望方面，都与社会就业现实情况存在偏差。许多用人单位指出，高校的课程设置不合理，在很大程度上影响了毕业生的正常就业。

高等教育机构在人才培养方面与社会需求存在脱节，主要体现在以下几个方面：一是学生培养缺少清晰明确的目标；二是高校对市场需求变化的反应速度慢、应对能力弱；三是从发展水平和速度来看，高校师资队伍的发展相对市场需求较为滞后；四是部分高校缺乏能胜任职业指导和职业生涯规划工作的高素质、职业化、专业化服务人员。此外，还存在一个问题，即高校内部各方未能形成合力推动学生就业。尽管高校拥有完善的机构和明确分工的部门，但通常只有招生就业处负责学生就业工作，其他部门行动不足，未能有效帮助学生拓展就业机会。

现在，我国的高等教育已经从过去的"精英教育"形式转变为面向大众的教育形式。在这样的变革中，高等教育的目标也发生了变化，不再仅仅专注培养高等人才，还开始关注对各层次和类型的人才，包括技能型人才的全面培养，旨在为社会培育出多样化且高素质的劳动力。因此，高校需要重新思考自身的定位，将关注点下移，更多地关注基层、乡镇、农村及生产一线，培养适应各行各业需求的建设者。然而，现实情况是，许多高校仍以研究型高校为目标，专注于培养学术型人才和精英。当前，一个迫切需要解决的问题是建立一个有效的机制，使教育培养与人才市场需求相匹配。

高校不应仅传授理论知识，还应根据市场需求和变化，有针对性地增加实践类课程。此外，尽管国家取消了包办的毕业分配制度，但部分高校的招生入口仍然由国家统一控制。这种招生模式日益呈现出问题，由于招生口径相对狭窄，高校培养出的人才趋于同质化，缺乏多样性。同时，由于人才培养成本过高，高校的价值正在快速下降。

二、专业与课程设置不合理

通识教育着重于全面发展人的思维和品格，覆盖了理解世界和自我塑造的多方面内容；而高校专业教育聚焦适应高度专业化的社会需求，这种教育模式的选择是社会发展的必然结果。在我国，本科阶段更注重专业教育，在许多国外教育体系中，这种重点则转移到研究生阶段。这反映出我国与国外在培养人才方面的不同策略，即一种是培养学术导向的人才，另一种是培养实用导向的人才。传统高校通常侧重学科知识的传授和创新精神的培育。随着我国工业化水平的提高，社会对实用型人才的需求日益增加。因此，高等教育机构必须精心设计课程体系，以增强学生的思维能力、知识水平和专业技能，确保他们通过严格的知识学习，能真正掌握知识和技能，适应并改善社会。然而，目前高等教育机构在课程和专业设置上均受到批评，包括用人单位、教师和学生都对此表示了不满。在现今的高等教育体系中，多数高校在专业设置、课程安排及学时分配等方面存在诸多不足，导致问题频出。比如，课程设置过程中出现了严重的内容重复现象，专业课程划分过于精细，强制性专业课占比过高，而选修课程相对匮乏。这种状况对学生全面素质的提升和自主学习习惯的培养构成了阻碍。而部分高校在尝试改进课程设置时，往往缺乏明确的目标和计划，仅仅是增加课程数量或单一课程的学时，未能从根本上优化课程结构。这种改革不但未能考虑课程内容与市场需求的联系，反而使课程内容重叠加剧，降低了学生对学习的兴趣。同时，各课程过分强调各自的完整性和系统性，忽略了不同学科间的交融和互动，这可能导致学生的人文素质缺失。

结合上文来看，在目前的就业市场上，高校毕业生面临社会供需之间结构性不平衡的问题，表现为毕业生数量的"过剩"与企业对特定人才的"短缺"两种状况并存。大量的高校学生在毕业后很难立即找到工作，而许多企业又常常难以招到符合条件的员工。这种现象揭示了一个问题：高校教育在课程设置、专业方向和培养目标等方面，与社会需求存在显著的偏差。这也就导致综合性高校本科生数量连年下降的趋势，其中，人文社会科学类专业的毕业生更是难以在人才市场上找到合适位置。这种状况使学生家庭与社会各界都开始怀疑高校是否好好履行了社会服务的职责。

经济和科技的快速发展推动了社会的变革。这种变化给高等教育带来了前所未有的挑战。面对这样的挑战，高校需要以满足社会需求为目标，全面优化专业设置，提升学科质量，持续改进教育方法，并建立科学的评估体系和教育目标，以更好地发挥在人才培养方面服务社会的作用。目前，许多高等职业技术学院通过订单式教育模式培养人才，并在专业设置和课程建设中与企业合作，这种具有创新性的做法值得其他高校借鉴和学习。

从实际来看，综合性高校与职业技术高校在培养人才的方式上有所不同。综合性高校更注重学生的全面发展，旨在同时提升学生的能力和素质。这种教育模式强调"理工相融、文理结合"的理念，致力培养出既符合社会需求又具备高素质的人才。因此，综合性高校的核心任务在于，通过挖掘其独有的优势，促进学生在专业技能和综合素质上的双向提升，确保这两个方面能相辅相成。

近年来，一些综合性高校尝试了一种新的教育模式：在高校学生入学的前两年，不将学生划分到具体的专业或学科。这种做法对于提高学生的综合素质大有裨益。

随着科技的迅猛发展，教学方式也在不断进步。特别是，在培养学生的实际操作能力和创造力方面，许多国外知名大学已经积累了丰富的经验。我们要把握机会学习并吸收这些经验。

第一，国外研究型高校的课程设计凸显了跨学科和综合化发展的趋势。这些高校高度重视对重大项目的协作研究，同时，非常关注综合性专业和相关课程的构建。这样做的目的是提升学生的创新思维能力和不断强化他们的综合实力。

第二，设计课程内容的首要任务是激发学生的探索和创新能力。不能照本宣科地灌输知识，而是要更多地致力引导学生掌握自主学习和研究的方法。

第三，实践环节在教育中的作用不容忽视。以美国麻省理工学院为例，该校开展了三个以实践为核心的项目：本科研究导向计划、本科实践导向计划和技术创业计划。在本科研究导向计划中，导师指导学生进行研究实验，涵盖了 70% ～ 80% 的本科生；本科实践导向计划通过校企合作，让学生亲身参与设计和工程项目，参与比例约为 30%；技术创业计划为部分杰出学生提供机会，鼓励他们在实践中探索和创新，甚至支持他们创办公司。这些课外实践项目累计起来，占到了全部课时的 1/3。

三、重科学轻人文，重继承轻创新

科学教育与人文教育在高校学生素质提升中各有其独特作用，二者在知识、精神和行为三个层面上相互交织与融合。具体来说，在知识层面，科学教育中的知识与人文教育中的知识，共同构成了高校学生知识体系的完整性；在精神层面，科学精神与人文精神的结合，为高校学生提供了全面的精神养分；在行为层面，科学的行为方式与人文的行为方式互相激发，共同引导高校学生形成全面发展的行为模式。这三个层面的相互作用，共同促进了高校学生综合素质的全面提升。

在东方与西方的教育发展史中，一开始人们都非常重视人文教育。但到 19 世纪中叶，随着科学技术的快速发展和工业化的深入，实用和科学的教育理念开始主导，职业技术教育和专业教育逐渐超越了人文教育。科学技术的强大影响力不仅推动了人类社会的发展和进步，还让人们对科学教育的价值有了更多认识。因此，人文教育在这个时期渐渐被人们忽视，甚至受到了一定程度的贬低和压制。

然而，到 20 世纪中叶，许多国家又恢复了对人文教育的重视，它们开始强调人文素质教育，致力培养具有多方面能力的人才。这一形势预示着，在未来只有具有全方位发展能力的人才能被称为"最出色的工作者"。

在我国的传统教育模式中，文科和理工科的知识往往是分开的。这导致文科学生通常更关注人文领域，而忽略了理工科知识；相反，理工科学生倾向专注理工科知识，而忽视了人文领域。在这样的背景下，我国高等教育仍然面临一些挑战：重视功利性而忽略素质教育，强调专业技能而轻视基础教育，注重统一性而忽视学生个性培养，以及偏重理工科而轻视人文教育。无论是技术发展、科研活动、教学实践，还是学校的后勤工作，都应以学生培养为核心。关键在于，不仅要教授他们现代科学技术，还要让他们深入了解自己的国家、民族和文化遗产。这样，学生才能对国家和民族产生深厚的感情，并致力为国家和民族服务与奉献。

培养中国学生，不仅要求他们有爱国心和民族情感，还需要他们学习、继承、应用和传播中华优秀传统文化，更重要的是能创造文化和知识。没有创新，就无法谈论进步和发展。因此，培养中国学生的首要任务是令他们成为服务中国的人才，并且具备创新能力，能开拓新领域。

在当前的教育环境中，我们必须意识到一个问题：高校学生和高校教师对"创新"这一概念的重视程度并不高。尽管我国是制造业大国，但在自主知识产权技术方面仍显不足，对国外技术的依赖程度依然较高。高校作为科技人才的培养基地，不仅仅应传授理论知识，更应引导学生深入科技研究和创新。但我国现状是，只有少数高校学生有机会参与教师的科研项目。

第三节　高校人才培养模式的理念与目标

一、创新人才培养理念

教育理念是构筑人才培养框架的领航原则，并构成了人才培养构架的核心精神，其控制并影响着育人目标、育人体制、教育方法及教育的运作机制等方面。各高校须基于经济社会发展对人才塑造的切实需求，依据高等教育的演变规律，确立具备时代气息的育才新理念。"人本发展"已转变为我国当今社会演进和时代前行的必然趋势与目标，它是促使社会全面向前的主导原则。人作为教育活动的基石和关键，既是教育实践的起点，也是教育追求的最终落脚点。因而，所有教育工作都应围绕以人为主导进行。"以人为中心"已是现阶段教育的根本价值观。以学生为核心，以学生需求为导向，以全方位激发学生内在潜力及塑造学生个性为根本使命，以学生全面发展作为评价教育成效的准绳，为其提供有意义的辅导与服务，这是创新教育观念的核心。

（一）"以人为本"的理念

"人本教育"理念作为高校培养人才的核心信条，要求高校在培养学生的征途中，确立教师的引领作用和学生的中心地位。德国著名教育学家迪斯多依指出，低劣的教育者直接传递真理，而杰出的教育者引导人探求真理。教育者的引导作用应体现在激发探索知识，创意解决难题，传授学子如何自学及如何增进个人才能的方法。把学生摆在中心位置，要求他们建立自主、主动的学习态度，发掘并利用好自己的学习主导权。当前我国的人才培养体系尽管设有明确目标，但实际执行环节仍存在偏颇。管理层往往过分强调一般性的教学理念，一味遵循课程大纲教授、计划性的管理方法。因此，须坚守将学生放在首位，建立有益于激励学生创新思维与创新才能的教学平台。

（二）"教会生存"的理念

"赋予生命技能"是指教育应致力使学生掌握知识、行动力、适应及发展性，以及群体共存意识。这四个层面技能的内化是构建个体能力的根本目标，也是他们的首要任务。长久以来，旧有的教育体系左右着我们的观念：诸多学生过分注重探求社会急切需求的知识及技巧，却忽略了自身科学思考能力的养成。这导致他们难以找到符合自我及适应社会需求的发展方向。而教师大多将向学生输送知识视为首责，却疏于塑造学生的人文素养、法律认知、道德价值和协作精神，缺乏对学生解决问题技巧、竞争态度和尊重公共准则等观念的培养，进而限制了学生融入社会的步伐。"赋予生命技能"，意味着高校在培养人才时，应聚焦激励学生的生存愿望、注重人与社会的协调一致，并且培养学生自主学习、有效行动的技能。只有这样，高等教育机构才能培养出能最大限度满足时代发展需求的人才。

（三）"张扬个性"的理念

性格是人与人之间不同的精神属性。马克思指出，个体的特征最初源于他们的独有性，而最终与社群关联。个人的性格特质涵盖自主性、唯一性、创新性及完整性等方面。学生阶段被视为塑造和发育学生性格的关键阶段。然而，受传统思想的束缚，我国高等教育领域长时间忽略性格培养这一教学目标，在教育观念上偏重社会需求，忽略了个体发展，导致学生为了现实目标不得不压抑自我，模仿他人，从而削弱了学生自身的创新观念与创新能力。鉴于此，我们迫切需要改变这种思维，认可差异，重视并培养学生的个性，着重发展他们的独立性格。

（四）"国际化"的理念

国际高等教育合作的发展，旨在推动世界各国高等教育机构间的互通有无；为了适应全球交流及发展的要求，教育内涵与教育手段均需做出调整；主动向外界展示我国的教育资源，同时，积极借鉴和利用国际上的教育资源；其最终目的是造就既具备国际视野，又能在国际平台上沟通和竞争的优秀人才。面对教育日益国际化的大趋势，高校在培养创新人才方面必须树立"国际化"的理念。

构思宗旨，在全球范围内，迎合现代化浪潮，预见未来趋势。高校现在普遍追求教育的国际化，这已变成全球性的教育现代化认证的必要前提和显著征兆。在教育发展水平颇高的国家，普遍的教学宗旨是培养有国际化视角和全球意识的学生，这些人才能在国际互动、协作及竞争中表现出正确的理解力，他们是具备开阔思维和创造力的精英。突出国际化的发展战略，需要在全球分享教育资源、市场机遇、人力资本及文化财富，这将对我国高等教育在培养人才品质的提升方面有显著冲击与驱动作用。我国高校必须主动更新观念，改革教育理念，创设与世界接轨的培养体系，不仅在办学理念和管理体制上汲取外来长处，而且在教学内容和教学方法上更加开放。

二、明确人才培养目标

（一）教育目的的理智选定是合理设立培养方向的根本假设

教育培养的宗旨是建立在特定教学思维及目标上的，这些目标又常受特定教育价值观的影响，并以之为其理论支撑。社会历史背景的差异和生产物资方式的不同使得教育价值取向不同。在众多教育价值理论中，最根本且影响深远的理论主要有强调"以个人为中心"的理念和"以社会为中心"的观点两大流派。

教育理念的核心应当放在培养学生的职业技能与内在素养上，这一理念被誉为"人本教育"。它提倡以每位学生的成长需求为导向，确立教育目标和规划。在欧洲的哲学演变过程中，众多古希腊哲学家已经倡导以人为尺度的教学，坚信教育的最高任务是促进学生的逻辑思维和个性发展，而不是仅仅迎合国家和社会的要求。18世纪的法国思想家卢梭曾强调，教育不宜同时追求塑造理想的"自然人"和"社会人"，在这两者之间，他更偏爱"自然人"。同样地，19世纪的英国社会学家赫伯特·斯宾塞主张，教育应以为个体提供完善生活的准备为重点，也是对个体需求的重视。以上这些观点对于后来人们的教育价值观具有极为深远的影响。

当人们认为应该从社会发展的需要确定教育目标时，就形成了社会本位论。教育活动的方向被社会状况深度影响，其本质归向于满足国家和社会集体的进步需求，这一理念决定了教育的根本目的并引导其实践过程。在古希腊时期，哲学家柏拉图在其著作《理想国》中阐述了教育在构建完美社会时应当注重政治素养，以国家发展需求作为育才的标准。18世纪50年代至19世纪50年代，人本主义的教育观念成为时代趋势，尽管如此，当时的思想家与教育者依然重视教育在政治、文化和科学等领域的重要作用与价值。到了19世纪末期，社会对教育价值的期待更倾向其对社会的导向作用。

个别主义和集体主义的教育观念均揭示了人们对教学核心的两种态度与教育的部分真理。实际上，只有结合个体成长与社会进步的协和发展，教育才能达到其根本目标。因此，高校在制定培养人才的目标时应当做出合理而明智的价值决策，既照顾个体自我成长的需求，又及时回应社会发展与时代的紧迫要求，着眼在未来的社会实践中实现学生个人想法和社会贡献的有机统一。

（二）确立培育目标的切实依据：兼顾各利益相关方的需求

高校是众多利益集团交织互动的典型机构，众多参与方在不同的利益层面上参与构建其群体结构。通常，与高校盘根错节的利益集团涉及"内围集团"及"外围集团"两大类。比如，"内围集团"涵盖师资、学生群体及管理人员，他们与高校的日常事务关联密切，常常视作"核心集团"；而"外围集团"涵盖政府机构、资助人、毕业校友、企业界、金融机构、居民社区等，根据他们与高校的亲疏远近，可以进一步划分为"主流集团""次要集团""潜在集团"等不同层级。育才是高校根本职责，其培育目标构建需兼顾各利益相关方的需求。在高等教育机构培养创新型人才的学科目标精准定位过程中，必须重视学生、国家（政府）和社会结构内的研究机构、技术型公司等主要利益集团。

合理确立教育目标应反映对学生系统性创新能力成长的需求。身处高等教育阶段的学生既是高校教育的对象，也是教育过程中最关键的受益者。高校应将学生创造性能力培育视为教育目标的关键组成部分。唯有深入洞察创新人才素养的本质与规律，紧抓学生创新能力成长的重点难题，实施对学生创新能力养成全部有益的教育策略和行动，才能使创新型人才的培养宗旨真正落实。本书提出的基于素质模型的创新型人才培养论述，旨在为系统促进学生创新能力成长提出一个清晰的素质框架和体系。

教育理念的精准定位应与国家经济社会发展的需求相匹配。培养与教育转型人才的社会责任，须与国家全局经济和社会的发展规划同步。教育政策及其前进方向受制于政治和经济架构；社会生产能力及科技进步的崛起塑造了高等教育关于人才培养类型与质量的需求；同时，社会文化背景对高校的文化氛围产生影响。在知识经济的今天，高等教育紧贴社会发展的脉搏，加强了高校与社会发展的紧密联系。因此，脱离国家经济社会发展的教育方针是无效的。高校在培养具有创新能力的人才时，应当体现科教兴国、持续发展、人才强国及建设创新型国家等战略。在定位转型人才培养的方向时，高校应当根据自己的学术优势和特色，主动为那些战略性行业和焦点研究项目提供服务，投入培养能为科学研究和技术发展做出贡献的优秀人才。

高校在设置教学目标时，须顾及其核心利益集团的期望。作为高校创新人才的输出平台，科研机构和技术驱动公司等社会实体也是与高校进行产教研协作的关键伙伴，由此它们构成了高校的主要利益群体。在高校创新人才教育方针的精准把握上，必须认真考量并满足这些主要利益群体对人才能力的根本要求。研究在强调创新人才特质的同时，还需要深入了解这些主要利益群体对人才的具体需求，通过深化调研提高人才培训的素质以匹配这些群体的预期，由此加强与他们的互动和合作。

在此基础上，合理规划教育目标还须顾及科学知识的进步需求。高校的进步是与知识进展紧密相连的，它们依靠知识的传授、阐释和推进，促进教师与学生之间的教学互动，为社会输送真正的优质人才。若知识停止了进步，则高等教育机构的人才培养也会因此受阻。因此，把握教育目标的定位还必须建立在知识进步的基础上。

随着经济的壮大与社会的发展，各行各业对精英人才的要求也在变化。21世纪的高校在人才培养上应该注重的方面包括：一是打下深厚广泛的知识根基；二是增强个体的思想品德修养、专业能力、文化修养、身心健康；三是兼具专业宽广的知识面和初步的技能；四是激发创新和民主的意识，培养开创进取和团队协作的风格。

1. 要确立通才教育的目标

随着社会生产力的飞速进展，经济构架快速调整，终身只做一种工作的时期已成明日黄花，严格的"专业对口"和"理论应用"束缚不再适用于高校学生，相反，更换工作领域和职位已司空见惯。因此，适应能力的重要性超过了专业技能。高等教育不应局限于狭隘的专业教育，而应追求在学科广度和扎实性之间建立文科与理工科相交融的综合人才培养模式。

2.要树立培养能力的目标

愿意在其专业领域达到娴熟程度的高校毕业生应不断丰富自己的知识库，并大胆革新理念与实践技术。因此，高等教育机构的职责不仅仅在于供给知识内容，更应重视培养学生的学习策略和能力发展，激励他们主动获取知识、主动探索问题解决方法、发展逻辑思维能力、加强交流表达能力、培养团队协作及领导能力，并且在练就高度综合专业知识的同时，能独立评估和解决问题。同时，还要加强对实战技能的训练以提升学生实用技能。

3.要树立"社会化"的目标

高校与群体应当形成互助互联的共生联合体，然而，在物质层面的持续升级与科学技术的急剧演变背景下，人们的心灵文化未见同步优化。道德沦丧、价值偏差、环境退化、违法增多等现象日益凸显，揭示着人类集体面临的难题依旧严峻。由于历史上教育体系偏重知识的积累而忽略能力的塑造，偏爱智慧的增长而忽视道德的培养，高校教育应当逐渐在提升学生综合品质的社会服务性和专业品质的实用性间寻得平衡；继而摒弃"为学术而学术"的方针，遵循"为社会服务而学术"的准则，确保在教育过程中既传递知识累积贤才又应对社会挑战，创生、创见、创识、创艺，成就智慧财富；构筑起"个体—教育—社区"的循环体系，通过"全面发展"的教育理念，强化灵魂层面的教化，塑造崇高人品，让高校成为社会进步的领航者与催化剂。

第四节　高校人才培养模式的培养途径

一、树立科学的教育思想观念

进入 21 世纪，信息技术的迅速发展和信息量的激增要求我们必须更新教育观念。高校应以科学的思维模式培养人才，以适应时代的发展，实现其培养人才的目标。高校的教育思想，包括培养目标、办学理念、高校精神及校园文化等，构成了人才培养的核心。这些观念不仅形成了人才培养的灵魂，而且直接决定了高校能否有效地建立适应时代的人才培养模式。

高校在制定人才培养策略时，应该将培养学生的应用意识融合到教学理念中，这样做可以在教学过程中营造出一种优良的实践学习氛围。此外，高校在构建人才培养模式时应该平衡知识、能力和素质之间的关系，实现它们的有机结合。

在现代教育理念中，知识、能力和素质的关系密切而复杂。知识不仅包括科学文化、学科专业，还涵盖相邻学科等方面内容，也是能力和素质发展的基石。高校在教育过程中，对相邻学科知识的重视程度不足，这限制了学生能力的全面发展。能力的提高依赖知识积累和实践经验，涉及知识的获取、应用、理解和反馈等方面。然而，当前高校在实践能力培养方面面临诸多挑战。素质的培养则基于先天条件，并通过教育和社会实践不断完善，形成稳定的身心发展特质。素质的提高有助于更好地运用知识和能力。因此，新时期的高校人才培养应注重知识、能力和素质的综合发展，通过素质教育，培养出适应 21 世纪社会需要的优秀人才。

二、构建制度机制

（一）评价机制和选拔机制

1. 建立多元化考试制度

首先，在举行针对学生综合能力发展进行的考试中，应该全面考虑，避免片面评判。比如，要考查学生对知识的掌握程度、知识领域的广度、创新思维及实际操作技能等方面。这种方法不仅是对学生记忆力的考查，还是对其分析和解决问题能力的一种检验。

其次，为了全面衡量学生的学习效果，需要实施多样化的评价方法。这意味着对不同学科、不同能力层次和不同专业背景的学生，应制定出相应的评价标准。在评价过程中，不能只依赖传统的考试成绩，而应该全面考虑学生的日常学习表现、知识应用能力及跨学科学习能力，并在此基础上给予合理的成绩。此外，学生通过自学掌握的知识和他们在创新性学习中获得的成果应纳入评价体系。我们还应该在评价方式上进行创新，结合多次评价和多种评价手段，从而促进学生在跨学科领域的发展。同时，奖学金的授予、优秀学生的选拔及研究生的推荐等，都应体现出对人才培养的重视，并加强激励和政策的引导作用。

2.改变传统理念

传统教学理念已不再能满足培养创新型高校人才的需求，因此必须对其进行改革。在培养学生的过程中，应该给予其充分的肯定和尊重。现代学生具有鲜明的个性，他们具有发散思维、集中思维、寻求差异的思维和逆流思维等。他们对未知领域抱有强烈的探索兴趣，并且对事物发展规律有深刻的理解。此外，他们有敢于直面困难的勇气，对待客观事物具备明显的批判意识。

这类人在学习不同领域知识上具有很强的能力。然而，现行的评估系统很难全面反映学生的实际水平，这常常会导致人们对这些人才的理解出现偏差。这样的误解可能削弱学生的信心和勇气，从而限制他们的潜力。

3.建立弹性教育制度

在高等教育的体系构建中，高校应当建立一个更灵活的教育制度，这样的制度将为那些具备跨学科学习和应用能力的学生提供更广阔的成长空间。高校需要加强自身制度化建设和提升管理水平。虽然教育制度的标准化标志着教育体系的成熟，但过度的标准化可能带来副作用。这是因为教育的标准化往往与制度化相辅相成，而教育内容和评价标准的一致性可能会导致对学生才能的平均化处理，而忽视了人才培养的多样性。当前，高校尚未建立起一个全面有效的人才选拔机制。因此，高校应当构建一个更加灵活多变的教育制度，为那些拥有过人之处的学生开辟新的发展道路。比如，高校可以考虑将学生在跨学科学习和应用能力方面的表现转化为学分，从而更全面地评价学生的实际能力。

（二）教育教学管理机制

1. 建立复合型应用教育和跨学科学习的教学机制

在当今这个知识日新月异的时代，想完全理解和掌握所有知识几乎是不可能的。因此，如何打破学科之间的隔阂、融会贯通所学的知识，以及如何帮助学生获取更多实用知识并更有效地运用这些知识，是十分重要的课题。在这种情况下，高等教育机构在教育学生时，应当侧重培养他们利用知识解决问题的能力和积极主动的探索精神。学生常常感到困惑的是，他们不清楚如何将学到的理论知识应用于实际问题的解决中。因此，在教学过程中，教师应当以提问和引导为主要教学手段，将重点放在培养学生的实际应用能力上。同时，评估教学的标准需要相应调整，将实际应用技能作为评估的核心。此外，对考试和评估的目标应当进行调整，学生的知识掌握程度虽然仍然需要评定，但不应再作为主要考核内容。相反，考核的重点应是学生对知识应用的意识和跨学科知识的培养。

2. 建立"以人为本"的教育管理机制

在当前教育改革的浪潮下，"人本教育"理念逐渐成为现代教育的核心。这种理念强调个人和社会的共同发展，将人的全面发展和个性化发展紧密结合。同时，它融合了个体的人文精神和科学精神。在这一理念指导下，个人的智能能得到全面提升，使其能在多变的社会中做出明智决策并拥有创新创业能力。在管理领域，理想的管理目标是提升效率、完善服务。但现实中，一旦建立管理制度，管理者往往就要求被管理者严格遵守规章制度，导致管理从"以人为本"转变为"以制度为中心"。这种转变可能会限制人们追求实践能力和跨学科学习的动力。因此，我们需要建立"以人为本"的教育管理机制，为高等教育机构的人才培养提供制度支持。这包括推动学分制度的改革、完善计算机网络的教育管理和服务系统、创造优越的人才培养环境，以及优化教学资源配置等措施。

3. 建立有利于应用的教学实践机制

在高校的教学活动中，实践的作用非常重要。实践是学生将理论知识应用于实际的重要一环，也是高校培养人才的一条主要路径。历史上的各种发明创新，均源于实践的验证和完善。自古以来，我国就对教育给予高度重视，尤其是知识教育，在文化知识传播方面起到了促进作用。然而，过分强调知识传承可能会限制学生应用能力的提升。实际上，我国的传统教育模式更侧重理论学习，在实践教学方面不足，这一状况在一定程度上影响了学生应用能力的培养。通常，学生的应用能力不会仅通过教师的教授而获得，还需要他们自己主动探索和实践。理论学习属于主观领域，而实践活动是客观领域，两者间存在一种对立而又统一的关系。当理论与实践出现差异时，常常会诞生新的知识。因此，高校应为学生提供更多实践机会，创造条件让他们参与实践活动，以促进学生全面发展。

在高等教育的教学领域里，实践教学的深入推行对学生实际技能和应用能力的提高起到了显著作用。首先，创新实验和实习等教学环节非常重要，通过加入更具应用性、综合性和设计性的教学内容，使教学方法更符合现代标准。同时，持续更新和完善教材必不可少，这有助于学生更好地掌握新的仪器设备，并对相关学科设备有更深入的了解。此外，学生应该更多地参与社会实践，如通过社会调研等方法增强对社会的了解。对于学生，尽早参与企业实践工作不仅有助于增强他们的实际应用能力，还能帮助他们更深刻地理解企业的实际需求，从而加强专业知识的学习。其次，高校需要加速推进产学研的合作，强化教学基地的建设，加深与企业和科研机构的合作关系。高校还应重视对学生毕业设计和论文的管理，鼓励学生从社会实践中选取课题，将理论知识应用于企业实践中，感受知识的实际价值，提升对社会实践的热情，进而增强他们的应用能力。最后，高校应组织更多的社会实践活动，提供丰富的社会实践机会，帮助学生在实践中巩固所学知识。

三、建设硬环境

在高校培养人才的过程中，创造合适的培养环境，包括软环境和硬环境的建设必不可少。其中，硬环境作为人才培养的基石，对于高校人才培养模式和制度机制的建立具有深远影响。首先，高校必须配备必要的实验技术设施，如实验室、创新研究基地等，配备这些设备的主要目的是增强学生的实际应用能力。对此，高校应将学生应用能力的提升纳入教学计划，并鼓励学生参加课外应用创新活动，同时，为参与的学生提供必要的经济和物质支持。其次，高校应提供学术交流的场所，以便学生能在良好的学术交流氛围中相互启发，激发思维。但现状是，部分高校缺乏完善的学术交流设施，这限制了人才培养的效率。最后，高校应提供信息渠道，支持学生参与应用型创新研究，为他们的创新活动保驾护航。

四、调整培养方案

（一）课程教学

1.调整课程结构

关于高校教育课程结构的调整与完善，其重点在于对现行单一课程体系的深度改革，以促进课程内容向多元化发展。比如，可以通过增加强化应用技能和提升综合素质的相关课程实现这一目标。此外，应该打破目前课程独立自主的格局，对课程体系进行全面优化。增设如实验课和实践课等重实际操作的科目，是提升学生实际操作能力的有效途径。这些调整对于学生实际操作能力的提高，以及高校教育质量的提升具有显著影响。

2. 优化课程设计

在教材内容方面，高校课程设计应坚持精简且新颖的原则，并强调课程内容中的关键点和难点。这种设计旨在促进学生自主学习能力的发展，也有利于激发课堂上的讨论活动。在进行课程设置时，高校需要综合考虑课程的基本性质和其综合性特点，并确保课程具备适度的开放性，以实现课程结构的整体优化。在优化过程中，高校需更新传统的教育观念，平等看待选修课程和必修课程，以增强人文素质教育在整体教学中的地位。此外，高校应当提高实践类课程在所有课程中的比例，重视在教学过程中培养学生的思维能力，并将实际应用技能的培养融入日常课程教学。

3. 改革教学内容及方法

（1）改革教学内容。教师需要对旧有的教学内容做出调整，扩展教育领域的广度。此外，应当提高实践课程、选修课程、思维训练课程，以及研究性课程的占比，以此增强学生的实际应用技能。

在课堂教学中，教师不仅仅要注重理论知识的传授，更要强调实践技能的培养。这包括让学生通过撰写读书报告和小论文等方式，将理论知识与实际应用相结合，同时，安排学生定期参与各类社会实践，以增强他们的综合能力。在专业知识的教学中，教师应根据课程内容，提出具有探讨性的话题，促进学生在思考和讨论中提高自己的思维与理解能力。同时，高校在更新教学大纲时，应该引导学生养成良好的学习习惯，通过科学的教育方法培养学生综合素质。

（2）改革教学方法。现代高校选用的教学方法应当关注学生思维拓展的重要性。我们应该在继承和吸收传统教学模式优点的同时，加速现代教育方法的创新与应用，如此一来，现代化的教育方式就能成为连接知识与学生的有效通道。可以在高等教育中引入多种先进的教学方法，如启发式、案例分析、小组讨论、问题解决等。另外，针对每位学生的个性化发展，高校教育应采取相应的教育策略。每个学生由于遗传、环境等因素的影响，在能力和素质上各有差异。因此，在教育过程中应当重视培养学生的个性化发展，尊重他们作为学习主体的地位，激发他们的学习积极性。同时，个性化教育能为他们提供更广阔的成长空间，促进学生全面而健康发展，从而培养出适应新时代社会需求的优秀人才。

4.完善学分制

为提升学生的学习积极性和灵活性，高校应当积极优化学分制，并改善教学环境。这包括扩大课程选择范围和数量，以促进学生个性化发展。高校在推进学分制方面可以采取以下两项策略：一是推行学分认可制，放宽学生转系和转专业的条件，为学生提供个性化学习空间；二是实施弹性学制，赋予学生更多的自主学习时间。此外，高校需细分专业，设立多个学科类别，初期关注基础学习和通识教育，后期关注跨学科学习和宽口径专业教育。同时，高校应丰富并完善通识教育内容，优化基础知识体系。通识教育应采用必修方式，专业课程可选修。学生毕业标准依据固定的必修和选修学分确定。这种模式的优势在于，学生可自由选择喜爱的专业，高校能有教无类地培养各类人才，无论是研究型还是应用型。目前，高校可结合主修和辅修的培养模式，学生主修一个专业，同时，辅修其他领域，辅以学分机制，从而实现学生的综合发展。

（二）科研项目

高校培养创新型人才，重点在于提升学生的科研意识、科学素养和科研技能。然而，这些能力并非仅凭课堂学习就能获得，教师在教学时应更注重学生科学素养的提升。

第一，为了提升学生独立开展科学研究的能力，教学方法的改革势在必行。具体来说，在物理、化学等科目的实验教学中，我们应该采取分阶段的训练方法，包括基础训练、综合实践、设计实验和专题研究等。同时，教学过程中应当引入自选实验项目，鼓励学生自主设计实验内容和方案，从而在实际操作中锻炼并提升他们的研究能力。这样，学生不仅能掌握必要的科学知识，还能在实践中学会如何主动解决问题。

第二，高校可以通过资金支持激励学生投身科研。比如，高校每年可设立多个科研项目，并为这些项目提供专项资金，激发学生的科研热情。同时，各学院应选派经验丰富的教师指导学生的科研工作，组织成立课外科研小组，引导学生参与多样化的科研实践，从而锻炼学生的协作能力。

第三，高校可以鼓励高年级学生加入教师的科研项目，这种做法能有效提高学生的科研技能和谨本详始的学术态度。学校鼓励优秀教师将学生纳入课题制定和研究过程，学生在教师的引导下，不仅能学习到科研方法，还能提前了解学科的最新动态。通过这种方式，高年级学生的学习能更好地与研究生阶段相衔接，为未来的深入学习和研究打下坚实基础。

（三）专业实践

1. 针对一些重要的学科竞赛创建相应的实践及实习基地

在众多高校教学活动中，学科竞赛占据了极其重要的位置。这类竞赛不仅是提升学生动手实践的平台，还是锻炼其应用思维的良好机会。几乎所有高校都会定期举办，如大学生电子设计竞赛、数学建模大赛等学科竞赛。要在这些规模庞大的学科竞赛中取得好成绩，单凭一门学科的专业知识和技能远远不够，需要综合运用多方面的知识。这些学科竞赛通常要求学生自主设计和完成，对于培养他们的创新思维、团队合作能力及求真务实的态度，都具有极大的价值。同时，这些学科竞赛还有助于增强学生将理论与实践相结合的能力，提高解决现实问题的能力。各高校应该投入适当的资金改善实验设施和仪器，为学生参与学科竞赛创造良好的训练环境，帮助他们在学科竞赛中取得更好成绩。

2. 产学研相结合，投资建设一批创新实验基地

高校在培养人才的过程中，应当重视并加强产学研创新实验基地的建设。这样的基地建设，主要目的是促进学校教学、研究与产业界的协同进步。通过利用高校强大的师资队伍和学科优势，结合产学研创新实验基地，可以有效改善高校的实验室环境，进一步推动实验室的发展，从而增强高校的教学实力。比如，在电子类实验室中，高校如果能投入资金，依托电子信息教学实验室，让教师和学生合作研发通信原理与光纤实验箱，则不仅能减少购买成本，而且能极大激发学生的创新能力和科学实验技能。此外，高校应当鼓励教师和学生不断完善现有的实验箱产品，并将改进后的产品推广到其他同类型高校。这种做法不仅能提高学生的实际操作能力，还对增强学生的学习积极性和主动性具有极其重要的作用。

3. 与企业紧密结合，为实践教学创造条件

建立产学研创新实验基地，可以促进高校与企业的深度合作，转变现有的人才培养方式。这样的实验基地不仅推动了高校实践教育的进步，还有效提高了企业的生产和经济效益。如果得到企业的积极支持，那么高校的产学研创新实验基地在资金投入、学生实践、课题研发等方面将更加顺利。此外，企业派遣的技术专家参与高校课程设计，有助于调整和优化教学计划，使其更好地培养出符合社会需求的优秀人才。

五、完善教学质量监控体系

（一）建立相关制度

1. 建立教学检查制度

高校在每个学年分别在开学初、期中和期末进行三次教学检查，以确保教育教学质量。在开学初，重点是评估教学准备的充分性；在

期中，着重于教学进程的顺利进行；而在期末，重点则转向通过期末考试评估教学成效。尽管这些检查看似属于常规流程，但实际上每次检查的侧重点各不相同。比如，在期中检查时，不仅要对教师的备课情况进行审查，还要组织教学经验分享，并由校领导亲自进入课堂，观察教学情况，以便全面掌握教学动态，并在必要时对教学方法进行调整。

2. 建立教学督导制度

在多数高校中，教学督导活动通常由两个层级的组织负责：校级教学督导组织和院级教学督导组织。校级教学督导组织主要由各院系精选的资深教师组成，他们在学术和教学方面均有深厚的造诣。而院级教学督导组织专门由各院系的杰出教师担任。这些教学督导员会定期或不定期进入课堂，对教师的授课方式和学生的学习情况进行观察，进而提出建设性的意见。此外，他们负责检查毕业论文并为高校和院系的教学工作提供指导。

3. 建立学生评教制度

学生评教制度的建立可从以下三个层面进行。首先，实行全面评估。这意味着每位学生都将对教学情况给予反馈。其次，优化测评流程。高校须不断改进测评流程，以尽可能地减少误差。最后，综合分析评估数据。高校在处理这些数据时，应综合多种视角和方法，以增强反馈的有效性。

4. 建立干部、教师听课制度

高校中的干部和教师应积极参与听课活动，以推动听课制度的发展和优化。这意味着他们应定期进入课堂进行观摩学习，而高校需要明确制定每位成员的最低听课要求。

5. 建立学生信息采集者制度

高校可以选拔学生担任信息采集者，利用他们搜集的数据，全面掌握教学活动的进展。他们同样负责收集学生对教育教学工作的看法和建议，通过这种方式，学生与教务部门的联系更紧密，确保教学过程中的问题能迅速得到解决。

6.建立青年教师教学竞赛制度

高校应当实施青年教师群体教学竞赛制度，以此激发他们的教学热情和专业成长。具体而言，高校定期组织年轻教师进行教学活动的竞赛，让他们在通过院系的选拔后，有机会代表各自院系参加高校层面的总决赛。在这些教学竞赛中表现优异的教师，不仅会获得高校颁发的证书和奖金，还会在职称评定和资格晋升方面受到重视。这样的制度不仅能鼓励青年教师追求教学上的卓越，还能有效推动高等教育教学的改革和质量提升，形成一种积极向上的教学氛围。

7.建立毕业生跟踪调查制度

高校应当对其毕业生的发展情况投入更多关注。首先，高校教务部门须主动跟进毕业生的后续调研，这包括掌握他们在职场中的表现，同时，收集用人单位对毕业生的反馈和对高校人才培养的意见。其次，高校应每三年对毕业生进行一次系统的跟踪调查，通过这种方式，高校能更好地理解社会对人才的需求，这将为课程设置和人才培养方案的优化提供重要参考。

（二）教育质量监控

首先，对教育品质的监督应该是全面而细致的，这不仅包括如教育管理水平等直接对教育产生影响的因素，还包括如学生生活条件等间接对教育产生影响的因素。其次，监督教育的品质应当涵盖教育的每个环节。这意味着从课堂到课外，从学生入学到毕业，甚至包括实习，都需要进行细致的观察和评估。再次，保证教育品质的监督需要每个人的参与，这包括高校管理层、教师和学生。教师和学生在这个过程中既是监督者也是被监督者。最后，为确保教育质量，必须采用科学合理且多样化的监控手段。只有这样才能搜集到全面的信息，进行深入分析，并制定出有效的解决策略。

（三）考核与评价方式

首先，应实施一套全面的教师授课质量评估体系。这套体系要求建立教师个人的教学档案，包含校领导和专家的听课反馈、学生的评分等多元化数据。通过定期由领导和专家听课，结合学生的反馈，可以对教师的授课效果进行全面评估，并以此作为其教学评估的重要依据。其次，高校应每学期举办院系教学评估活动，对表现优异的院系颁发奖励，如证书和奖金。这样的评估活动能提高院系领导对教学的关注，进而提升教学质量。最后，建立一个有效的教育信息反馈机制也是不可或缺的。高校应认真处理收集到的各类教学信息，并通过文件、媒体等方式，及时反馈给相关院系或部门。对于重要的教育问题，高校可以召开专门会议，确保问题及时得到解决。这些措施共同作用，有助于全面提升高校的教育水平。

第六章　高校创新型人才培养的协同条件建设

第一节　高校创新型人才培养中的创新型教师队伍建设

一、教育创新者集体，以及培养具有创新精神的学生团队

（一）培养创新型教师

开展创新型教学，以此激发并强化高校学生的创新意志、精神性和能力，毫无疑问构成了一项规模浩大、充满挑战的综合性工作。然而，这项工作最根本的推进力源于教师的创造性工作，以及建设一支能推动和实现创新人才培育目标的教师团队。

我国教育研究领域在 20 世纪 90 年代末首次提出"创新型教师"这个概念，与此同时，国际提出的对应概念为"创造型教师"。鉴于创新的核心精神在于创造力，其定义涉及创造行为，尽管"创新"一词将创造的概念延伸至全新的事物或观念的产生过程，但两者的实质意义相通，可以在多数情况下相互替代。因此，无论是创新型教师还是创造型教师，在本质和内涵方面都保持同一性。显而易见，教师的素养、授课方法及教育成效是解释创新型教师含义的关键要素。综合这三个层面来看，拥有创新属性，采用创新的授课方法，并致力培养学生的创新思维与能力，且在人才培养上成果显著的高校教师，

被视作创新型教师。这类教师的创新素养集职业观、情感态度、知识结构和技能于一体。创新教学行为是指所有旨在激发学生的创新精神和创造力、促进学生全面成长的教育活动，这包括为学生营造自主创新的学习环境、倡导非传统的思考模式、重视研究式学习等。教育成效则是指教师创新素养和其创新授课方法的具象表现，如优质的课堂教学、有深远影响的教育研究和学生创新能力的显著提升等方面。

考核具备创新素养的高校教师能帮助我们深刻理解这批教师的内在品质与显著特点。那些怀抱着创新思想的高校教师，在创新意识、技巧及道德等方面都表现出非同寻常的才华。他们一方面遵循自然法则，另一方面不被传统模式束缚；一方面自我反省，另一方面不断跳出自身限制；一方面汲取前人智慧，另一方面不停探索；一方面继前人之路，另一方面敢于破旧立新。这些具有创新天赋的高校教师在创造性思考、个人魅力和价值追求上与其他领域的创新型教师不谋而合，他们投身教育实践，运用创新的理念指导行动。

身为塑造未来各领域创新人才的关键力量，这些创新型教师深刻理解人才培育的过程和规律，并能在面对各种难题与挑战时灵活应对，选择恰当方法提升学生的创造能力。富有创新精神的教师应当具备以下几个特点。第一，教师要有坚实而深刻的专业知识、广博的理论背景，精通最新学科动态和跨学科领域的见解，并掌握精湛的教学方法，了解科研的方式。第二，教师须具有对教育职责的热爱与忠诚、愿意致力教育事业的心和灵魂，并对教育有深沉的感情与追求。这些创新型教师基于前卫的教育理念与积极探索的研究精神，敢于挑战经典教条，对于创新满腔热忱，并能提供独到的洞见。在致力将跨学科知识体系进行重塑的同时，将挖掘并培育具备创造性思维和才能的学生定为教育宗旨。第三，教师须怀有浓厚的创新意识及优秀的创新技能，不仅仅要能有创意地掌握新信息，更要具备创新地处理和传递这些信息的能力，还要开发独特的教育方法，熟练使用现代教育工具，不断在教学和科学研究的天地开疆拓土。第四，教师要具备积极求异的思维方式、锐利的洞察力、想象力丰富的创造思维，这一切都源于对知识的强烈渴望，表现出对知识源泉的热爱、对真理的不懈寻求及对未知世界的好奇心和探究精神。第五，教师应拥有一种开明的个性和容忍与理解的心态，能创建和谐且民主的授课环境，激发学生的思维火花，点燃其创新之火，触发他们的创造灵感；能挖掘并实践形式各异的开放课堂教学，改革教学评价的体系与方法，以此有效促进学生创新能力的养成。

综上所述，首先，创新型教师必须拥有"T"字形的知识框架。其次，创新型教师应该具备现代化的教育观念和职业道德，拥有与未来发展需求相符的开放性格、探究心态、改革觉醒、团队协作意识等。最后，创新型教师应具备与时偕行的多种能力，如持续自我学习与发展的能力、洞察力、独立自主性、坚定不移的毅力、开创新局的能力、沟通交流的技巧等。

（二）创新型教师队伍对创新型人才培养的作用

孕育有创造力的学生要紧依创新型教师理念的实践者，师资队伍的创新能力对学生创新潜力的开发起到决定性作用。北京师范大学校长钟秉林教授提出，在培养富有创意的学生前，首要任务是训练教师队伍的创新思想。在培养具有创新精神的新一代人才的征程上，教师要发挥枢纽作用，尤为重要的是打造一支有创造力的师资阵容。这支队伍对学生创新能力的增进具有显著推动力，这种推动力主要体现在以下几个方面。

在培养创新人才、推动科技进步及提高研发服务质量上，一支充满创新理念的教师团队具有至关重要的作用。教师不仅能传承人类的文明知识，还能加速教育事业的进步并塑造优质人才。如果缺乏一批高素养、富有创新精神的教师团队，优质创新教育的目标就无法实现。教师承担的是孕育创意的责任，只有当教师拥有创造性思维时，他才能指导学生成为创新的佼佼者。创新依托雄厚的知识基础和逻辑严谨的知识结构，为创新思考提供必要素材。知识架构是个体在其领域内形成创新和独到见解的根基。以上这些教学和启发上的"根基与素材"都依赖教师的耐心教导与智慧启迪。如果没有一定量的显性知识与隐性知识作为支持，学生在创新上的探索就会因缺失"原料"而未能产出"新成果"。

此外，教育变革的实践者——教师，在孕育学生的创新精神时起到了引领作用。唯有教师持续钻研教书育人的深层法则，不断更新其教育观念，并且改良教学内容与教学方法，唤醒学生的学习热情，推动学生创新思维的成长，并引导他们依托兴趣与潜能实现全面发展，方能培养出符合我国社会主义现代化建设需要的、具备创新魂魄和实力的杰出人才。

满怀创新热情的教师在推行教学革新实践中，不仅是创新观念的源泉，还是培育创新型人才必需的坚实柱石。这些致力教学创新的教师，在自身的创新活动中，无论是在进行原始发明、合成性创新，还是吸纳并融合新知以促成二次创新的过程中，均起着至关重要的作用。教师积累的知识须与时代同步前进，跟上科技的进步与社会变迁的步伐，必须结合当前最新的科研成就，持之以恒地充实和完善自我理论体系，并运用创新意识将累积的知识投入科研创新及理论革新。具备创新才能的教师在不懈探索知识更新和技术改造的道路上，不但能培育出对未知探索的热情和需求，更能通过反复的实际操作和交流，引领学生走向创新之旅，打造出培养创新型人才的坚固基座。最终，这些拥有创新技巧的教师以身作则地彰显创新的志趣与活力，对孵化富有创造力的人才施加潜移默化且深邃的影响。在学术姿态、追求理想、创作吸引力、对科学的求知欲及追寻知识的热忱等领域，教师默默无闻但深远地影响着学生。具有高超创新技能的教职团队是驱动培养创新精英的主心骨。

二、加强高校创新型教师队伍建设的建议

为了有效培养一支具备创新精神的教师团队，在目前的实际情况中，高校可以采取以下几种做法。

（一）学校与企业（研究机构）联手，促进既有专职又有兼职的师资力量发展

高校在搭建教授队伍的理念层次上，应以培养具备创意思维的师资及提升他们的创新技术为根本使命。激励教师日益自我反省、研究和实施教学，进而提高个人的专业造诣。此外，高校需要建立有效的交流平台，促进与产业界或研究所的相互作用，邀请经验丰富的产业技术专家出任授课教师，向学生分享最新的科技发明和生产技术，并督导学生进行深度的实践操作。这种手段不但能促进理论学习与实际操作的有机结合，而且有助于学生实用技能和创造力的培育。互动协作也能使教师改进教学手段及创新教育体系，增强学院的市场竞争力。甚至，高校还可以安排其教研团队与公司的科技人才共同协作，参与科研项目，开发新的技术及产品，推广新的技术方法，将高校的研究成果有效转化为实际应用价值，实现资源的共享、优势互补，并带来双赢效果。

（二）扩展职业视角，促进构建具有国际水准的教师团队

提高师资力量的两大策略：一是深化内部培养体系，二是吸纳海外精英。随着经济全球化的推进，高层次教育国际化成为大势所趋。面向全球培育创新型人才已成必然。创建与海外名校及科研机构紧密合作和交流的国际平台，招募具备全球视野和创新能力的海外人才至关重要。我国的高校，尤其是研究型院校，必须确立国际化的办学方向，构建具有国际水平的教研人员阵容，创造带有国际氛围的校园环境，设立国际交流和实践教学平台。通过多种形式，诚邀国际知名学者来华授课，聘任海外专业人士作为嘉宾教授，并使其与学生进

行深入互动。同时，构建接轨海外名校的课程体系，鼓励授课教师采纳国际教材，开办双语或外语授课，教师团队须拥有国际学习或研究经历，精通外语，并能融会贯通国际化的教学风格于符合中国特色的教育中。教师应会利用网络资源分享海外优质课程，直接学习国际顶尖高校教授的课堂教学及先进教法。最关键的是，引进外籍高层次人才不仅仅补充了国内人才短缺，就国家的创新体系而言，它更是全球知识信息流动与创新发展的关键纽带。

高校发展的核心取决于其师资阵容，只有建立世界级、优质的教师团队，高校才能与 21 世纪不断革新的教学趋势同步前进。推进国际合作，并与海外教研机构共享人才资源，可以有策略地吸引海外知名学者来华授课或任职。通过其卓越的教学和研究贡献，升级和完善学科布局及教师结构，进而促进师资建设整体水平的提升。最关键的是，通过参与国际平台的各类活动，在学术和研究方法上吸收国际优势资源的新理念，能有效促进我国高校教师在教与研方面的进步及创新。此外，国内高校能通过优渥的条件和开放式的招聘政策，吸引全球范围内的顶尖教师来华授课和进行学术交流，并借助与外国院校及研究机构合作的契机，建立起跨国的优秀人才培养与共享机制。

三、构建体制框架，确保创新教育人才团队的发展得到支持

教师的创新发展与校园文化气息息相关。高校是否拥有具有创新精神的土壤，制度安排扮演核心角色。唯有构建促进创新的体制框架，方能夯实教师创新能力进步的根基。这涉及多个方面的落实，如设立评价教师成效的科学公允机制、专业技术职务的评审程序及合理配置人力资源，为教职工提供实施创新尝试与探索研究的空间和条件，对师资的创新见解和提倡持开放态度，确保教员有足够的时间从事创新活动。

在培育富有创造力的教育团队方面，迫切需要落实六项主要的革新措施。一是对教师管理政策进行革新，打破旧有束缚，从刻板的管理模式过渡到对个体的关注与呵护。二是刷新对教学的管理理念，注重将知识传授与创意能力培育紧密结合，提倡多元化的教学手段，鼓励放弃旧有的框架，以点燃教师教学的创新激情。三是优化教学方法，激励教师采纳辩论、启发式及研究式等教学方法，给予他们更多自我决策的空间，打破单向式的教授模式。四是改进学术研究机构，打造一个自由交流的学术环境，推动学术思想的多元化和充分竞争。五是变革重点在于教学评估体系，确保评价的客观与主观结合，以学生在成长和创新力上的提升为尺度，优化评估标准，防止因过分关注研究成果数量而忽视了教学质量与学生发展。六是对人才激励机制进行改良，并通过奖惩制度确保人才选拔的公平性。建立一个民主和开放的政策体系，同时，鼓励创新，这对于建立一支创新型教师队伍来说是至关重要的条件。

四、深化团体培养，推动教职员工整体创新素质的提高

在构筑高校教师阵容时，注重打造有创新精神的学术团体，并将研究活动与课堂教学兼容并包。高校的发展传承需要领军人物，而教师身兼学者角色，是高校不可或缺的标准。将领军人物和学者融会贯通，共同形成一个教育集体。当今科学技术的综合性、多样性、多元化和复杂性要求，研究工作必须从个别独立研究向集体协同研究过渡，科学的突破与创新越来越多地倚重研究队伍的合作能力。

常言道，集体智慧胜于个人才智，这强调了团队合作的效能之于单打独斗的优势，培养有创造力的研究团队对高校培养创新人才发挥着至关重要的作用。应在跨学科、学术自由的基础上，积极推动创建具备创新思维的教学与研究团队，鼓励教师借科研小组和项目组等方式进行教与学的活动，利用教师各自的长处，相互补充，

以取得效果的倍增。为有效构建创新团队，应实施以下措施。

第一，改良团队构成。组建一个高校的创新型教育与研究队伍，要综合团队成员的人数、年龄、教育程度、学术背景、专业知识等因素，实现合理的人员分配。理想的团队应在学术资历和年龄分布上展现类似"金字塔"的结构。首先，创新小组的成员要在研究主题上保持一致或相近，且彼此的优势能互为补充，这样有助于维护小组构成的平衡性。其次，成员的年龄搭配应当均衡。再次，要搭建科学的学科框架，实现多领域、交叉领域间的互利与强强联合，促进小组作为一个整体的协同效应。最后，以成员性格上的互补达成个性多样化的成员能有效协作。一个创新小组的人员结构组织是否协调，直接决定了该小组能否持续进步。因此，优化小组构架，使小组内各要素形成恰当的组合，是组建创新型小组的根本性任务。

第二，形成团队意识。团队意识有助于目标定向，凝聚力提升，成员激励及行为规范。创新小组事业的推进能依靠强大的团队意识得到持续发展。在所有资源中，人是唯一能主动创造变化的资源。因此，在塑造与发展一个创新团队时，必须在人力、财力、物力等层面做到合理配置，并以调动教师的积极性和创造力为核心，借助团队意识将教师的智慧、能力和经验等资源动员起来，实现最优的规模效应。

第三，打造团队核心。由高校教学团队中的学术骨干扮演引领与核心的角色，他们不仅仅代表着集体，更领导着整个团队，是构建团队的首要条件。这些骨干的学术实力与团队管理能力直接关系到集体的成败，成为创新团队能持续发展并打造独有风貌的重要因素。因此，在培养具有创新能力的教师群体时，高等教育机构必须积极实施策略，确保对领导型人才进行有效的选拔与培养。

五、重视职场教育，增强青年教师个体的创意教学素质

青年教师的成熟与进步对高校发展前景起着重要且不可或缺的影响，它是高校教育质量提高及持续进步的关键因素。鉴于目前高校中初涉讲台的教师占比较高，且多数青年教师尚未经受过正规的师范教育，为了加强师资队伍，使这群青年教师快速成熟，并迅速成为教学的中坚力量，除了开展岗前短期培训，增强教师的基本教学理论知识外，更应该关注对其的持续培育和继续教育，规划系统的在职成长方案，如对于未经受过正规师范教育的青年教师，提供六个月至一年的师范教育深造课程，从而提升他们的教学技能；同时，推行"新教师导师计划"，为每位年轻教师分配一位品德高尚、学识渊博、教学经验丰富、学风严谨的教授作为导师，向青年教师传授宝贵的教学知识和经验。

第二节　高校创新型人才培养中的训练平台建设

一、训练平台与创新型人才的培养

创新能力的培养必须落实于行动，高校应当构建适合学生自主开展创新实践的平台。虽然高校普遍建立了与理论检验、技能演练及学科知识应用紧密相连的实验教育平台，在这些平台上，学生根据严密的授课方案接受培训，这的确是本教育阶段的需求；但是这并不足以让学生进行自我启发式的研究探险。高校应当构筑必要的实践场域，以使学生能钻研学问、独立创新。为激励学生对创新的兴趣与热爱，国内举行了包含"挑战杯"在内的各种学生创新赛事，这些活动对于增进学生创新能力不无裨益。可是，单凭此类竞赛型实践场所，无法让所有学生都参与多样化创新实践。因此，高校在培养创新人才的道路上，急需深思如何搭建一个更普遍、更常态化、

更符合学生兴趣和偏好的创新实践与训练新平台。

（一）实践平台的内涵与主要类型

实际操作基地旨在为教师与学生提供一个进行教育实践和研究项目的综合性工作空间。该基地是实物设施与程序逻辑相互融合的产品，它融合了地点、装备、技术手段、信息资源、智力支持、管理规范及其他各种资源。为了激励学生在学术创新及探索性研究上持续进步，高校应着力向财务支持、设施更新等策略性方面倾斜，推动这些基地的建设进程，确保学生有充足空间进行创意性实践。根据所服务的具体功能，实际操作基地可分为课程项目操作基地、学位论文操作基地、科技比赛操作基地和项目研究操作基地。而根据建设的主导方，实际操作基地可分为学校独立基地、企业或研究所独立基地，抑或高校与企业、研究所合作共建基地。肩负起造就创新型专才任务的高校，应注重提升学生的知识和技能实用性，培养其探索热情和实操能力，并通过合作共建方式，在课程项目、毕业论文、技术竞赛、研究项目等教学环节中设立实践基地，有效推进高校学生的创新实践活动向前发展。通过全面的课程项目施教能让学生领会整个学科体系，同时，培育他们的系统规划技能和团队协作精神；高校学生的毕业论文则是一个将掌握的基础理论和专业技能结合发挥，实现知识应用的舞台，这不仅锻炼了他们的全面研究才能，还是学生展现创意才华的关键时刻；通过参与各级科技创新比赛，学生的科研兴趣将被极大激发；而投身于教师或企业的课题项目中，将加深学生对行业与生产现实的了解，显著增强其实操能力及将知识运用于实际的层次，增进其融入社会的能力，大幅度提高学生的实践动手能力和知识应用水平。

（二）实践平台之于创新型人才培养的作用

实践平台致力融汇职业成长、人才培养及科学研究，旨在促进资源和劳动力的最佳共享，以此构筑一种创新的、跨学科的、关键的人才培养体系。该平台主要面向高校在校生提供服务。通过打造此类平台，不仅可以更高效地适应国家产业战略调整和创新国家建设的要求，还可以大幅度增强大学生的就业市场竞争力、创业能力及创新思维，从而进一步提高高等教育机构的自我发展能力。实践实验平台在促进创新型人才培养上的影响力主要体现在以下几个重要方面。

初步设立面向大学生的科研实验阵地，与时俱进地增强他们探新求异的素养，这一举措是社会前进的内在需求。进入 21 世纪，全球范围内普遍展现知识经济的特征，新思想与新技能正加速涌现和普及，且知识更新换代的步伐也急剧加快。频频有新的挑战指向传统高校教学，单纯的课本教育显然不足以匹配时代期盼的高校育才水准。一个创新人才除具备主修专业和理论知识外，还须掌握学术领域前沿和跨学科方面的高阶知识。创新人才标准模型清晰展现，在构建其素质体系时，如发散、集中、逻辑、反向、联想、类比、直觉及灵感等促进创新的思维方式扮演着关键角色。在高校的教学环节，将以"T"字形知识格局及创新思考途径作为人才培育的基础训练内涵，高校须向学生明确扎实的创新能力培养目标，激励他们的好奇心和钻研意志，并逐步引导他们构建起完备的知识体系与创新思维模式，使其能满足社会进步带来的各项需求。因而，完善的实操阵地建设在高等教育培育创意型人才的过程中是一项基础性配置。

最主要的是，要建立起学生的创意实验平台，持续提升创新意识，这对学生的个人发展极为重要。学生在进行任何形式的创意性项目时，需要深入理解涉及的专业知识，并学会关键技能，亲身实践思考与研究。此项活动不仅能帮助学生扩展学识领域、建立科学的知识结构，还有利于培养他们的创新精神和实操能力，增强独立分析和解决问题的技能。参加创新性实践项目也为大学生将来的职业生涯打下了坚实的实践基础，让他们有机会亲身体验如何将理论知识应用于职场的实际能力转化。

打造适合大学生学习并具有实操性的学习平台，持续提升他们的创新思维，是高校进步的根本需求。作为求知深造的场所，高校的校园文化应以培养学生创造性思维为核心。学生在创新方面的活跃能增强校园文化的多样性，丰富文化素养，凸显校园的精神面貌，有利于发展积极向上的学风，进而对整体校园文化建设产生积极影响。另外，一所高校的教育质量并非仅与校舍的外观有关，更多的是教师队伍的整体素质和学生的综合素养，特别是他们在创新方面的能力和层次。学生在创意上的才能和取得的成就，是衡量一所高校是否优秀的最重要标尺。

当前，我国高校校园内对于培养学生实践能力主要分为课内的实验课程教育与课外的实践探索两大方向。实验课程教育包括实验课、技能训练课、多样的实习机会及毕业设计等，学生在教师的指点下，运用特定的工具和原材料，通过精确操控实验环境引发被研究对象的变化，并通过观测这些变化习得新知识或验证已有知识。这一教学环节是提升教育品质的关键因素，它不仅让学生将实践经验与书本知识结合起来以形成系统化的知识体系，还提升了他们的自主探究、实际操作和科研兴趣。因此，高校应着重搭建课程实践平台及毕业设计实践平台，这些平台是培养创新人才的根本载体。课外的实践探索主要是学生在非课堂时间开展的学术探索，这包括小型发明和科学制作项目。作为课内学习的补充，这种活动是对学生巩固所学知识、增强创新觉悟能力及精神的关键环节，也是激发学生创新能力的有效方式。因此，搭建创新实践平台和项目研究实践平台，进而推进创新实践活动，应当成为我国高等教育机构在探索和建立创新型人才培养模式上采取的重要策略。

二、训练平台建设过程中存在的薄弱环节

传统的高校在教学过程中，过分强调理论学习而忽略了实战训练，这导致对于理论知识是灌输多于引导，对于实操技能的教学不

足。高校课堂教学往往过于注重传授书本上的条文而缺少必要的动手实验，致使学生成了背诵的机器，逐渐失去了探究未知的热忱。这样的学习模式不仅导致部分毕业生步入社会后感到所学无处应用，对本领域的工作缺乏热忱，以致改行从事其他职业，阻碍了个人的发展，还未能激发学生成就职业目标的投入。此外，课堂教学缺乏理论与实际应用相结合的培养机制，致使学生在科研和技术革新方面往往缺少明确的研究目标与方向，从而陷入漫无目的的创新尝试。同时，单调乏味的教育方式进一步消磨了学生对所学专业的热情，难以激起他们进行创新的潜力和主动性。

同时，常规的高校教育模式对高校本科生在创造领域的时间造成了影响。通常，我国的高校本科课程年限设置为四年。学生在大一至大三期间侧重基本理论知识的吸收，面对繁重的学习任务，难以分出额外时间致力深入的创新研究活动。至于大四学生，或是忙于就业实习的奔波，或是全神贯注于研究生考试，均缺乏空暇时间参与创新实验。

首先，应用场所未能有效地促进"产业、教育、研究"三者的融合。在我国，学生的科学创新活动主要还是依赖国家与高校，多数情况下仅限于实验室层面的研究，而缺乏与产业界实务的紧密结合，这导致高校的研究成果无法被企业直接应用于其生产流程，进而影响了这类学生科研创新的社会认同度。诸多高校还没能充分构建与先进技术企业、研究所等社会实体的合作关系，以共同培育创新人才，实习生的参与往往被简化为一般的生产实践。高校内部的创新实践基地与高校外基地在培育创新型人才上未能互为补充，也缺乏有效的衔接。

其次，系统化、常规化的实操平台及持久的培训方案设计存在缺陷。近期，虽然政府相关机构和众多高校都给学生课外创新活动平台的构建以高度关注，但从培育创新型人才这一广泛诉求来看，实际操作机遇的不足仍然是我们当前遭遇的难题之一。众多高校虽已认识到在培养创新人才过程中实践技能训练的重要作用，但在人才培养规划中还是缺少有针对性的永久办法，没能把它当作一项长远工程实施，从而导致学生的理论学习和创新能力的实践养成出现明显的不均衡。

最后，就实践活动的方式而言，普遍存在一种严重的"被动实践"现象，即实践的目的、手段和流程等关键因素均由教师决定，学生只被动在教师设定的范围内，沿着教师规划的路径完成任务，这与"刷题"无异。这种做法很容易扼杀学生的创新思考能力，抑制乃至消灭他们的创造性潜力，导致他们的质疑能力、洞察能力、推理能力、分析能力、团队协作能力等一系列创新能力难以得到有效和充分的发挥。

三、完善学生训练平台构建的对策和建议

首先，建立针对高校学生的创新招聘体系。成立以实践活动为核心的学生社团，以此作为创建面向学生推广创意意识的专业机构的基础，从而招募对创新有热情的学生群体，并为他们建立一套详尽的创新管理资料库，该库记录包括学生所学专业、所在年级、兴趣爱好及创新点子等各项信息。

其次，实施师生创新互择体系，打造课题研究平台。长期以来，高校学生在创新上遭遇的一大障碍是师生间信息的不平衡。教师常常难以寻觅到理想的学生推进研究课题，学生也茫然于从何处寻找合适的研究项目。通过设立师生双方的创新互选机制，可以实现两者的需求匹配，从而最大限度地激发彼此的创新潜力。

再次，建立包容性的竞技场所，针对各级别和爱好的学生实施多样化竞赛。为迎合学生年龄和爱好的差异性，本机构定期安排系列讲座、研究性论坛、科技展示等学术交流活动。此类活动旨在推动科研交流与互鉴，营造创新与实践的热烈氛围及培养杰出的创新实验环境。将竞赛视作一种契机，以参与者完成的创作和项目开发为手段，

培养和提升青年学生的创新素质与能力。指导相关团队参与从校园到省级，直至国家级别的多样化竞技项目（如"挑战杯"等大学生赛事）。参赛作品应与导师监管的研究项目紧密结合，在系统性、完整性及科技深度上不断追求卓越，确保这些活动能有效激励学生在科技创新领域能力和层次方面得到全面提升。

最后，进一步促进工业界、学界与研究领域的深层次整合，建立研讨问题的实验平台。技术发展的根本目标是深入实施并广泛应用。因而，建议学生实地考察各企业，并与那里的技术精英及领导层进行深入对话，直接体会到企业在创新方面的真实需要，进而使他们能有针对性地挑选研究项目。积极探索新思维、新方法，努力实现创新成果的应用转换，以最充分地体现科技创新的价值。利用企业的器械支持和技术实力，可以指导学生与公司的开发团队一起进行产品和技术方面的创新性探究。建立学校创新资金池，构建科学性的激励及评价机制。高校应积极设立针对本科生的创新科研资金，以提高他们投入科学探索的积极性，确保研究工作的顺畅开展。该资金的核心宗旨在于资助学生的科学研究活动及其研讨项目，保障学生在创新领域的工作无障碍进行。综合分析表明，构建以科技为载体的实践基地应当坚持"以生为本"的核心理念，即把学生的需求和发展摆在推动科技创新的中心位置；实施"双向透明"的策略，体现在让学生自主选择研究课题，同时，保障他们享有进入实验室的权利；进一步需要"双重融合"，这涉及根据学生不同成长阶段的特点与多元化的科研活动相互适配，以促成产学研三者的有效结合；最终追求"四维进阶"，即在打造该平台时要在财务支持、硬件设备、激励机制，以及校内外合作网络的搭建和资源共享等方面不断探索与突破。

第三节　高校创新型人才培养中的创新型教育环境建设

一、高校创新型教育环境与创新型人才的培养

（一）创新教育环境的内涵与结构

教育背景是对学生成长造成影响的相关人员和事物。具体来讲，塑造创新人才的教育背景要素主要分为三个维度：家庭背景、社会影响及学校教育。在这三个维度中，学校教育扮演了最关键的角色。这是由于学生的学习生活主要在校园中展开，而且高校由于其自主性、条理性和高效性在培养学生的创新能力方面起到了重要作用，从而让高等教育成为促进创意能力形成的关键环境要素。特别是，高校的内部环境对于培养创新人才具有不容忽视的重要性。

在探究高校教学气氛形成的要素时，学界将其分为物理空间与心理空间两大类别。物理空间主要包含自然条件、教学仪器、活动场所等实际因素；心理空间则涉及学生的心理属性、共同的社会观念、人际互动和教学的情绪背景。美国教育领域权威人物诺克指出，教学环境的本质是集教育与设施于一体的空间组合，包括学校建筑、教室、图书馆、研究室、体育场地等。澳大利亚著名的学习环境探究者弗雷泽提出，教室内部的布局、师生相处模式、日常课堂的生活品质及其社会与文化的氛围共同定义了教学气氛。美国创新社会心理学研究领域的开创者特丽萨·M.艾曼贝尔强调，教育场所、职业环境、家庭出身及广泛的社会、政治、文化条件，连同物理环境，均为创意成长的决定性外部因素。

高校推动创新型人才成长依赖的教育背景是根据现代先进教育

哲学构建，符合教育本质和创新型人才心理与生理发展规律，通过特定手段和办法提供的一系列有助于他们发挥潜力的条件集合。该背景既涵盖物理设施，也涉及精神文化；既有自然条件的影响，也有社会文化的融入。培养创意思维的教学环境构成了教育要素的综合体，既有浓厚的学术氛围，也有完善的管理体系、优美的校园文化氛围，以及和谐的校园环境。此类创新导向的教育背景能铸造一种鼓励探索、容忍失败、尊重多元、合作共存的优质环境。若从物质层面来解析，则高校的创新教育背景可划分为硬件资源及其他非物理因素，后者可进一步细分为宏观的管理体系与人文价值观及微观的学术交流与民主风气。从其对培养创新型人才的作用来看，这种教育背景主要由三个层面组成：提供基本支持的物理条件、确保运行的管理体制及构建核心精神的文化价值观。

（二）创新型教育环境对创新型人才培养的作用

创新氛围通常涵盖家庭、校园及社区三个层面。除遗传因素赋予的基本潜质外，人类的聪明才智、动力驱动和其他特质大多数是逐步形成的。优越的成长环境有利于激发和塑造学生成长的创造力。特别是在高校，创新教学环境对于培养创新型人才至关重要，它主要从三个维度发挥作用。首先是通过教授新颖知识。高校教师需要承担起教学的重任，校园内的自然美景、校园建筑和文化氛围共同构筑了人才成长的土壤，高校教育环境整体促进知识传递。其次是推动创新能力的养成。创新能力的养成和提升依赖实践的平台，高校的优良环境为师生互动提供了这一平台，使他们能将创新思维和观念顺畅地实践出来。最后是对创新个性的培养。持续不断地学习、观察和实践，能助力学生逐步内化并构建支撑创新活动的个性。这正是教育环境在潜移默化中塑造创新个性的显著体现。如果进一步分析，就会发现在创新人才培养环境中，物理环境提供了基本的支持和条件，制度环境指引和确保人才培养的方向不偏离，而文化环境对于培养具有创造力的人才起到重要作用。高校的文化氛围独具一格，体现在高校的外观、内在风貌、教育与管理体系、教学特色及师生共同认同的伦理观和行为规范方面，并由此形成了一种深厚、显著且持久的精神质地。

在通常情况下，这种文化氛围不仅在教育指导、渗透培养、管理规范、激发激励、传播扩散等方面起作用，而且对于激发高校学生的创意思维具有重大意义。它孕育的独有精神和文化气息，在无形中对高校学生的思想信念、行事方法及价值观念进行着塑造和影响，完成对其心性、情感、个性的塑造。教育性质的高校校园文化环境，不同于标准教学功能，对于学生在修养涵养和行为规范方面发挥了熏陶作用。以其宽泛而丰富的内容、广阔的参与群体及多元化的表现形式，高校文化成为当代高等教育培养创新思维和能力不可或缺的关键因素。

二、高校培育创新人才所受环境要素的影响

（一）物质环境

高校的实体物理环境包括教学和科研活动依赖的物质设施，是能被人直接感知的存在，通常是指培育学术人才所需的基础设施。这些环境实体主要由高校内的道路、植被、建筑物、设备和文化景观等可见物质组成。目前，我国众多高等教育机构在培养创新人才方面面临的物理环境问题主要包括教学设施老化、实验训练空间不充分、科研工具落后、专业书籍缺乏等。产生这些问题的本质原因是资金短缺，即教育投入远远不够，而资金的来源大多受制于政府的支持。多数高校接收到的政府财政拨款通常只够支撑校内基础运作。同时，校方从社会吸纳的民间资金十分有限。因此，由于经费短缺，高校在改善硬件设施和吸引及保留优秀教师方面都力不从心。

（二）文化环境

在高校的教育环境中，蕴含着既有物质形态又有心灵层面的综合校园文化，这套文化系统穿插在师生日常的行为、学习乃至工作中。它不仅包括具象的实体文化成分，还涵盖抽象的精神与规范文化要素。校园文化以其无形的存在感，浸润在高校管理的风格、教师授课的方式、学生学习的姿态及高校的政治认知和学术氛围中。它构成了一所高校中教职员工与学生经年累月形成的思想和行为模式的精粹。在塑造创新型人才过程中，高校文化发挥其教育、激励与滋养的作用，是不可或缺的核心要素。特别是学术探究精神与民主环境的孕育，构成了高校文化气息的关键所在。

观察创新的根本特征，我们可以发现它与众不同。一旦过度追求同一性质，或是民主气息不足，那些具备创造性质的个体就将不被珍视，他们的创新想法甚至会遭受压迫。历史演进反复告诉人们，一个自在、宽容的民主环境对于孕育创新力量、释放创造潜力有重要的推动作用。而把持学术思想的独裁作风，会严重扼杀创新精神与能力。显而易见，一种精神解放、学术多元、持不同意见者共存、各展才华的民主氛围，对于培育创新型人才起到的作用是关键的。

要培养富有创新精神的精英，必须让他们在深沉的文化沃土里茁壮成长。在蔡元培等教育先驱者倡导学术自由、多元思维的时代，他们集合各方智慧，强调实证追真，忠于"民主与科学"的教风，为中国现代社会培养了许多著名的科研家、社会引领者、政坛关键人物和革命者，这对中国社会的发展产生了巨大影响。若要培养适应 21 世纪需求的创新型人才，则我们须积极行动，创设优越的高校物理环境，精心打造利于创新人才培育的高校文化环境。应在这种轻松而充满讨论的学术环境里，推动学术的自由民主，支撑学术的独立自由。高校文化还应对接知识经济的时代要求，在保持开放的同时保有其特色，在营造高校文化上下功夫，使其成为学生性格成长的堡垒。国家向创新型社会的转型迫切需要一大批具有独立思想和鲜明特色的创新人才。

三、改进创新型人才培养环境的对策与建议

（一）环境改进的基本原则

将物质环境的提升作为根本出发点，将制度环境的革新作为关键进展，将文化环境建设作为核心要素，同步强化硬件条件与软件条件，不断推动和完善培育创新人才所需的生态。

（二）环境改进的具体路径

强化创新人才养成的实体基础设施。具体而言，高校的实体环境包括支持学术活动顺畅开展的各种实际物质支撑，如教学大楼、图书资源、实验设备、学者间的互动平台、日常生活所需的条件保障、稳定的教研阵地、科研资金和合作资金等所有实体教育资源。简而言之，高校的实体环境应确保创新型人才的培育过程得到充分的物质基础支持。

为了培养学生的创新品质并使其提升，首先必须从建设及改善高校的基础设施（硬件设施）入手。硬件环境只有在达到一定水平时，才能与体制环境及文化氛围互相配合，共同促进创造性人才的形成。高校的教学过程本质上是帮助个人开发创造力的过程，这一切主要依赖高校的校园环境。因此，高等教育机构需要通过提升硬件设施，建立有利于创新型人才成长的物理环境。对于高校的教研和生活支撑设施，必须增加资金支持，致力为学生创造更优越的基础服务环境。高校应规划一个自由安宁的校园空间，各类室内外布置要能激励学生的想象力。更关键的是，建立多种形式的学生活动中心，并配备足够的器材以供学生开展创新活动。此外，要拓展图书馆、实验室和体育文化设施的功能性，增加其开放时间，激发学生自主实践的积极

性。应打造一系列充满正能量的高校文化地标，在自然风光中融入人文元素，营造能激发师生美好感受和体验的高校文化氛围。同时，在实验性教学、职业技能训练和研究类教学设备上，应确保有足够的资金支持，使用先进的教学技术设施，这些是孕育学生具有创新意识和精神的重要物质基础。高端的现代教育方法原本就属于革新成果，对学生来说具有极强的吸引力，其运用将激励学生进行探索、发现和创造。建立稳固持久的创新平台，以及形成多姿多彩的科学研究及创新活动阵地。显然，实现这些目标，都离不开必要的支持与投入。

从多角度收集教育资金，借助政府加码注资、高校自身创收、商界注资、校友及名人赠予，以及教工研究经费等途径筹措校园基础设施建设所需的资金。教育机构也需主动扩展财源，举例来看，美国高等教育资金来自六个主要部分，其中，政府的投资比例仅约为四分之一。中国高等教育既面临资金短缺和运作困难的问题，又存在严重的资源浪费和闲置。因此，合理优化高校资源的使用尤为重要。一方面，要给予学生更多创新和实践的便利与机遇，尤其是要尽可能地为他们提供科研试验和设计所需的条件；另一方面，需根据高校的实际情况，优先考虑事项的紧急度，在设施升级、扩建或改造中制定科学规划，在建设与利用外界条件上统筹规划。当资金有限而无法自行建设时，充分依托其他高校、商业公司、科研机构的实验设备和条件携手培育创新型人才则成为一种明智选择。我们应遵循"非我所有，但求我用"的原则，善于利用高质量的校外教学资源。

优化创意人才的育成体系及其生态。打造适合创新人才成长的体系生态，需秉持以下原则：营造宽容和相互理解的氛围、鼓励创新特质的表现、维护学术自主的权利。建立健全宏观体制和完善的微观管理机制。在培养具备创新能力和创新思维的人才方面，不仅仅需要物质资源的搭建，更需要制度层面的支持。特殊的成长环境，源于特定制度的构建、实施及其对个体的塑造。在构筑创新型生态时，制度的重要性和其扮演的角色不容忽视。

构建优良的大环境政策体系。首先，应当构筑符合时代要求的高校管理新体制。让政府的宏观调控权与高校的自办自主权相互独立，清晰界定政府职能范围与管理方式，以及高校的人才培养目标与方法。其次，实行差异化管理，形成评估高校的多元化机制。进一步区分研究型、教研型、应用型本科和高等专科等不同类型学府的办学方向与特色，并将政府评估、社会反馈和高校自评有效整合，作为衡量办学效果的重要指标。最后，应加快改进高等教育招生体系，打造包容多样的选拔模式。强化对学生创新能力的评价重视，并实行自主招生、推荐免试、特例录取等多样化和利于选拔优秀人才的录取方式。

构筑健全的微观管理体系是关键。首先，需打造一套完善的民主治理架构，进一步强化"双代会"（教代会、职代会）、校务公示、民主测评等相关结构，促成广泛征集集体意见、汇聚智慧的决策机制。积极尝试校领导主导学校经营、教师主导学术研究的新模式，充分挖掘教授在学术管理领域的潜能。只有打造出一种敢于创新、前瞻性强、勇于领先的创造氛围和创新文化，才能持续消除那些妨碍创新的体制与机制带来的限制，为教职工及学生自由发展与创意施展提供体制层面的支撑。

其次，必须建立健全激励体制，以充分激发个人的创新动力，实行合适的激励措施保持教职工及学生的积极性与创造本能。在提供精神和物质上支持的同时，应对他们的创新成果予以积极的认可与保护，营造一个尊重创意、荣誉感占主导的优良环境。应在薪酬、职务晋升、绩效奖金等方面对创新型的教职工给予额外奖励。改革传统的分配体制，打造出平等合理的利益分配体系。在工资分配体制方面，需确保做出较多贡献的杰出人才得到丰厚回报，从而激发教师的教学激情，真正实现按工作量和能力分配薪酬的原则。在维护公正原则的前提下，激励教职工创造力的涌现，以基础薪酬的稳定性为基础，加大对原创性成就的奖赏力度，旨在唤醒教师群体中的创新能量。对学生来说，应在评定优秀、分配奖学金、选拔免试研究生等方面优先考虑具有创新能力者。推动其积极参与国家大学生各式竞技、挑战杯与其他学术赛事，借助这些活动提升师生对创产活动的热情和原创思维。

最后，教学与科研应并重，将科学调查作为培育创新人才的支柱，认定培育创新能手为强化创新力的重要手段，充分利用富有创新力的教师资源，通过顶尖的科学探究确保学生教育品质，确保学生的创新力持续增进。同时，需要推动人才教育模式的革新与创造。深化改善课程结构与教学内容，扎实基础知识，拓展专业范围，不仅锻炼学生就业的实操能力，还着眼于学生的创业和创新能力。革新教育教学的手段，重视将学习与思考、知识与行动相结合，培养学生的创新意识和对社会的责任感。

除上述三个方面外，还应构建一种培育创意型人才的环境。健康的创新氛围在高校中孵化创新型人才，提供滋养，并有力保障他们的主动精神和创造力得到充分展现。仅靠经济刺激是不够的，还要在心灵深处唤醒教师与学生对创造力的热忱。简单来讲，即本着树立高校独特的精神风貌，融合高校深厚的历史积淀与现实状况，挖掘并赞颂学校的别具一格，形成一种务实进取、倡导创新的积极校园文化特征。主动倡导一种既能自由辩论又能共同协作的学术氛围，构建有利于教师与学生自我发展的平台，使学生冲破束缚个人进步的精神屏障，激发其创造性的能量。高校教育教学质量的提升需依赖教职工的团结协作，培养创新型人才也需教师齐心协力，教师个体的相互竞争也需依托集体的力量，在竞争与协作的互动中不断前进，构建一个充满团队协作精神的良好学习环境。

同时，营造开放且能容纳多元理念的学术氛围，不摒弃理论对话乃至辩论论战，融合各流派的精华。不断组织各种形式的学术交流如讲座、培训班及学术演讲等活动，保障教职工和学生能不间断地获得新知。倡导在学术研讨中推崇公正、民主和自由的交流氛围，旨在形成正面且有益的学术研究生态。建立一个宽容失败的社会舆论和治理结构，在对待创新举措时应兼顾成败，更重视其实践过程。除了心灵上的支持外，还需通过体制构建确保相关保护。最后，我们必须积极推广创新思维，加强教师对创新观念的理解和觉醒，塑造学生的创新精神，并开展多种形态的创新性实操项目。

综合推进物质、制度与文化三大领域的环境塑造。尽管重视校园基础设施对发展创新型人才培养的显著效应十分关键，但对我国高校来说，最关键的是不断创新的软环境。目前，关注点已转移至软实力的革新。以往我国科学技术发展迟缓的原因是资源贫乏，但近年来我国在教育和科研经费的投入已显著增加，许多科研机构负责人开始从思想上意识到软环境的重要性，并将对其的重视程度提升至与硬环境同等地位。"学贯中西"绝不应当只是口头上的说辞，而应当持开放的心态和海纳百川的气度，积极汲取第二次世界大战后发达国家在发展道路上的深厚智慧，并结合国情，营造并构建鼓励创新人才成长的文化氛围、体制框架与物质条件。

参考文献

［1］陈卓 . 产教融合模式下高校经济人才培养策略研究［J］. 天津经济，2023（11）：78—80.

［2］董洪亮 ."互联网＋"背景下高等教育管理的创新与实践［J］. 绥化学院学报，2023，43（12）：97—99.

［3］董洪亮 . 大数据背景下高等教育管理信息化创新路径研究［J］. 长春大学学报，2023，33（10）：47—51.

［4］陈婷婷 ."互联网＋"背景下高校教育管理模式的改革研究［J］. 科技风，2023（33）：66—68.

［5］邓紫霞 . 高校学生教育管理与思政教育协同发展策略探讨［J］. 办公室业务，2023（22）：49—51.

［6］邓薇 . 教育管理从信息化新发展走向智慧管理的具体措施研究［J］. 湖北开放职业学院学报，2023，36（21）：146—148.

［7］邓志平 . 新时代背景下高校思政教育与学生管理工作有效融合与创新实践［J］. 食品研究与开发，2023，44（21）：237—238.

［8］戴宛遐 . 创新人才培养视域下高校教育管理开展路径研究［J］. 科教导刊，2023（30）：32—34.

［9］方汝峰 . 以提升就业服务质量为目标的高校教育管理措施优化［J］. 中国就业，2024（1）：93—95.

［10］黄广友，李生策 . 高校思想政治理论课教师队伍后备人才培养的成效、问题与优化路向［J］. 思想理论教育，2024（1）：71—76.

[11] 何雯洁.“双一流”背景下地方农业高校研究生教育管理信息化建设研究[J].河南农业，2023（33）：12—14.

[12] 卢欢.应用型高校产教深度融合的创新创业人才培养路径创新研究[J].产业创新研究，2023（24）：177—179.

[13] 林榕.大数据环境下高校教育管理工作的优化路径[J].中国科技论文，2023，18（12）：1401.

[14] 罗俊，易亚军，廖伯勋.基于创新人才培养视角的高校课堂教学改革研究[J].黑龙江教师发展学院学报，2023，42（12）：53—56.

[15] 林虹，张进军.高校教育管理模式在大数据信息化时代的创新性实践[J].教育观察，2023，12（31）：16—19.

[16] 李炜哲.新媒体时代背景下的高校学生教育管理工作[J].中国多媒体与网络教学学报（上旬刊），2023（12）：113—116.

[17] 罗邵辉.辅导员角色转变下的高校人才培养策略[J].四川劳动保障，2023（11）：106—107.

[18] 李新新.高校辅导员人才培养与提升管理创新能力的路径[J].四川劳动保障，2023（11）：117—118.

[19] 林虹.大数据技术下高校教育管理创新路径的研究[J].湖北开放职业学院学报，2023，36（22）：144—145，152.

[20] 李海燕.绿色低碳发展理念融入高校教育管理路径[J].辽宁丝绸，2023（4）：116—117.

[21] 刘琳，李俏，明兰.信息化背景下高校学生思政教育管理工作[J].中国高校科技，2023（10）：99.

[22] 吕昕聪，邱鑫，谢明昌，等.基于OBE理念的高校创新创业人才多元化培养路径探析：以塔里木大学为例[J].科技风，2023（36）：64—66，82.

[23] 刘晨凌.教育生态学视域下高校教育管理困境及对策[J].连云港师范高等专科学校学报，2023，40（4）：72—75.

[24] 聂建强.产教融合：高校知识产权复合型人才培养的困境与出路 [J].中国大学教学，2023（12）：38—45.

[25] 莫以丽.乡村振兴战略背景下高校人才培养的困境及路径探究 [J].领导科学论坛，2023（12）：135—138.

[26] 麻灵.新媒体时代高校思想政治教育管理体系建设研究 [J].食品研究与开发，2023，44（23）：239.

[27] 梅江林.地方高校创新人才培养的重要意义与实践路径 [J].哈尔滨职业技术学院学报，2023（6）：74—76.

[28] 彭毅弘，程丽."新工科＋人工智能"时代应用型高校双创人才培养新模式 [J].石家庄学院学报，2023，25（6）：150—155.

[29] 钱菁.乡村振兴指导下构建高校研创一体化人才培养模式研究 [J].中国就业，2024（1）：99—101.

[30] 孙国霞，赵岚.应用型本科高校"产学研赛创五位一体"人才培养模式研究 [J].中国高校科技，2023（12）：60—64.

[31] 宋慧勇.双一流高校大学生科研素养与创新能力提升的路径研究 [J].现代商贸工业，2024，45（1）：235—237.

[32] 田烨.高职院校学生教育管理工作标准创新探究 [J].大众标准化，2023（22）：4—6.

[33] 孙雪媛，凤宝林.马克思主义理论在高校教育教学管理中的应用 [J].中学政治教学参考，2023（42）：92.

[34] 孙哲.高校思政教育与学生教育管理融合之道 [J].中学政治教学参考，2023（41）：93.

[35] 孙毅.中美高校创新创业教育管理的对比与启示 [J].榆林学院学报，2023，33（6）：109—112.

[36] 王莹，赵天睿.高校劳动创新型人才培养模式的探索与实践 [J].人才资源开发，2023（24）：38—40.

[37] 王佳琦.立德树人背景下高校思政工作与教育管理协同育人的

融合与实践［J］.食品研究与开发，2023，44（22）：242.

［38］万莉莉.新媒体技术对高校学生教育管理的影响及应用策略研究［J］.中国新通信，2023，25（21）：174—176.

［39］王正路.新时期"智能＋教育"视域下的教育数据治理路径及优化对策［J］.湖北开放职业学院学报，2023，36（20）：154—156.

［40］王楠.高校"一站式"学生社区教育管理模式的构建路径探析［J］.现代职业教育，2023（29）：89—92.

［41］文丽.高校教育管理信息化发展与评估系统构建［J］.吉林农业科技学院学报，2023，32（5）：30—34.

［42］王毅，农璐.创新思维导向下应用型高校双创人才培养探索［J］.林区教学，2023（11）：41—45.

［43］邢鹏，梁佳艺."五育并举"视域下的高校教育管理优化途径探究［J］.中国多媒体与网络教学学报（上旬刊），2023（12）：105—108.

［44］徐卿.反思与重构:新工科背景下高校思想政治教育路径研究［J］.高教学刊，2023，9（33）：189—192.

［45］允尚姿，赵书志.新媒体视域下高校机构编制信息化建设的现实阻碍与解决路径探究［J］.新闻研究导刊，2023，14（21）：160—162.

［46］杨天英.高校教育产学结合人才培养模式的实施策略探析［J］.产业创新研究，2023（23）：187—189.

［47］杨海雁.知识经济背景下高校创造性人才培养探究［J］.人才资源开发，2023（20）：12—14.

［48］杨世君.新时代高校学生干部教育培养路径探析［J］.湖北开放职业学院学报，2023，36（18）：48—50.